企业财务风险防范 速查手册

刘 靳 ◎著

天津出版传媒集团
天津科学技术出版社

图书在版编目（CIP）数据

企业财务风险防范速查手册 / 刘靳著. -- 天津：天津科学技术出版社，2022.11
ISBN 978-7-5742-0609-0

Ⅰ.①企… Ⅱ.①刘… Ⅲ.①企业管理－财务管理－风险管理－手册 Ⅳ.①F275-62

中国版本图书馆CIP数据核字（2022）第195727号

企业财务风险防范速查手册
QIYE CAIWU FENGXIAN FANGFAN SUCHA SHOUCE

责任编辑：吴文博

出　　版：	天津出版传媒集团 天津科学技术出版社
地　　址：	天津市西康路35号
邮　　编：	300051
电　　话：	（022）23332695
网　　址：	www.tjkjcbs.com.cn
发　　行：	新华书店经销
印　　刷：	北京兴湘印务有限公司

开本 670×950　1/16　印张 12　字数 170 000
2022年11月第1版第1次印刷
定价：42.00元

前言 Preface

　　企业经营是人、财、物的结合。人，即参与企业经营的劳动者；财，即企业投入与回收的各项资金；物，即企业投资购买或租赁的厂房、机器、设备，以及用于生产的原材料、半成品和待售卖的成品等。企业通过不同的组织方式将上述三项生产要素组合在一起，就形成了不同企业的管理文化和管理制度。同样的三种要素如果按照不同的组织方式组合在一起，其结果可能是天壤之别，这就是为什么所有的企业管理者都在追求更卓越的管理，以实现企业价值最大化这一目标。

　　管理，是指一定组织中的管理者，通过实施计划、组织、领导、控制等职能来协调他人的活动，使他人同自己一起实现既定目标的活动过程。管理，是人类各种组织活动中最普通和最重要的一种活动。管理的主体是人。企业管理分为外部管理和内部管理两个方面：管理企业所面临的外部风险，做到及时发现、及早应对、平稳过渡等，这是外部管理方面的问题；让企业经营过程中的所有参与主体都按照企业的既定经营目标为导向，实现企业价值最大化为行动依据，是内部管理方面的问题。

　　由于参与企业经营的主体存在认知不足，或因个人利益与企业利益冲突，导致经营主体在决策或执行的过程中出现损害企业利益的行为屡见不鲜。这些行为会给企业造成不同程度的损失，甚至带来灭顶之灾。例如，2001年发生在美国安然公司（Enron Corporation）的破产案。安然公司曾经是世界上最大的能源、商品和服务公司之一，曾经名列《财富》杂志"美国500强"的第七名。2001年12月2日，安然公司突然向纽约破产法院申请破产保护，该案成为美国历史上第二大企业破产案。引发安然公司破产的原因是财务造假。从外部看是企业对外信息披露出现舞弊，导致公众信任崩塌；从内部看则是管理层急功近利，严重损害了企业利益。企业如何避免发生如此严重的经营风险，是现代企业管理方面的重要课题，这一事件进一步引发了人们对企业风险管理的思考和重视。

企业风险管理是指企业在经营的过程中把风险可能造成的不良影响降至最低的管理过程。企业风险管理既包括管理企业所面临的政治环境、法律、社会文化、技术、市场等各项外部风险，也包括管理企业的经营战略、运营过程、成本管控等各项内部风险。而作为财务成本管理者则需要关注上述所有风险中与财务相关的部分。

现代企业是多部门分工合作的统一体。如何确保每个部门、每个环节、每个员工在企业运营的过程中都能够遵循"企业利益优先"这一基本原则，需要管理层具备风险管理意识，并建立完善的风险管理制度。而作为企业风险管理的重要一环，财务成本部早已不再局限于记账，而是要参与管理，管理所有和财务有关的风险，并发挥资金的运营效率，为企业创造价值。财务成本部既是企业内部控制的监督、执行部门，也是所有经营成果等信息的传递部门。

首先，经营过程中财和物的变化都会通过财务报表体现，所有的经营状况也会通过财务报表披露、展示。财务报表对其所展示数据的真实性、完整性、及时性的要求，会完整地反推出经营的每个环节是否真实、有效，经营形成的数据是否准确、完整，以及信息的报送是否及时。因此，企业内部的风险管理，是财务数据真实可信的基础。

其次，经营管理的提升和经营风险的防范，既需要落实到财务数据上，也需要财务成本管理者从数据还原到具体管理措施，比如企业经营过程中经常提到的降本增效问题。降本增效的成果是要通过财务数据呈现出来的，财务成本管理者对于成本的管理责无旁贷。但是应该如何推动降本增效呢？财务成本管理者只通过对数据或报表的研究是无法得出结论的，必须深入到招标采购、资产管理，甚至需要前置到最前端的工程设计等环节。通过深入了解业务，并在熟悉业务的基础上，对比与分析竞争对手或行业内水平领先的企业的有关数据或非数据，财务成本管理者才能得出准确结论。这也是众多CFO经常说的要深入业务、了解业务的原因。因此，财务的风险管理也相应地被前置到众多业务环节中。笔者所在的企业将成本部与财务部合并为财务成本部。财务成本部不仅负责资金、核算、税务、投融资等传统财务管理工作，还下设资产组和成本组，负责企业所有资产管理和招采管理工作，这使得财务成本管理者对于"物"的管理不断前置，对于业务风险的管理无可推脱。

再次，现代企业也越来越依赖信息系统这一管理工具来提升效率、降低成本，而信息化、系统化成为规范内部控制、管理风险的重要指标。财务成本部在信息系统末端所取得的数据的质量，也依赖于对信息系统的管控以及业务与信息系统的整合。

最后，现代企业管理对经营预测的要求越来越高，财务成本部作为经营预测的统筹部门，需要基于对内、外环境的了解，指导企业各部门做出经营预测，进而明确企业未来的发展方向，监督资源落实到位，并在执行过程中不断纠偏，防止企业出现重大经营风险。可以说，财务成本部在现代企业中扮演着贯穿业务过程、防范经营风险、监督业务执行、评价业务成果的重要角色。

现代企业管理对财务成本管理者的要求越来越高，传统记账方式的财务工作越来越难以满足现代企业管理的要求。在信息化高度发展的今天，记账、编制记账凭证和报表等标准化的财务工作内容已经逐渐被财务共享中心、智能化财务软件等取代。企业越来越需要经营型、创造型的财务成本管理者，这就要求财务成本管理者必须具备经营思维，能够深入了解经营逻辑，具有体系化的风险管理意识，并且能够基于对上述业务层面的深入了解，从数据端推导和设计财务管理模式，从而实现更优良的投资回报和更体系化的经营管理，在促进企业价值最大化的同时，将各项风险控制在可接受的范围内。

本书由浅入深地通过对风险和内控概念的阐述，引出企业搭建应对风险的管理体系的相关内容，并在集团和下属企业两个层面详细介绍了财务成本管理在企业经营活动过程中可能面对的各类风险及应对措施，以及如何在风险控制方面发挥财务的作用。本书既适合在中小企业工作，并需要在企业不断发展壮大过程中持续完善财务风险管理的财务从业人员，也适合在集团公司工作，并需要不断强化对下属公司财务风险管理的财务成本管理者阅读。读者通过阅读本书，可以充分了解在财务实务中可能遇到的各类风险及相关应对措施，也可以了解应对财务风险的深层逻辑及未来发展趋势，从而系统掌握和不断提升对财务风险的判断能力，形成现代财务成本管理思维并掌握方法论，真正成为符合现代企业管理要求的财务成本管理者。

第一篇　财务风险知识

第一章　财务风险的内涵

第一节　风险的定义与种类 / 002

第二节　财务风险的内涵 / 005

第三节　财务风险管理目标 / 007

第二篇　风险管理体系

第二章　风险管理策略

第一节　风险管理策略的定义 / 010

第二节　风险管理策略的工具 / 010

第三节　风险管理的资源配置 / 012

第四节　风险管理的优先顺序 / 013

第五节　风险管理的职能部门 / 014

第三章　内部控制的发展与延伸

第一节　内部控制的要素 / 015

第二节　内部控制的应用 / 016

第三节　内部控制的评价 / 019

第三篇　财务风险管理实践

第四章　经营计划风险管理——完成指标的"跟踪器"

第一节　经营计划的意义 / 022

第二节　经营计划的编制与执行 / 029

第三节　经营计划的修正与考核 / 037

第五章　招标采购风险管理——优化成本的"控制器"

第一节　招标采购的风险 / 038

第二节　供方选择与入库 / 042

第三节　招标采购方式与管理要点 / 045

第四节　合同、验收与结算 / 053

第六章　销售收入风险管理——夯实企业的"饮水源"

第一节　销售管理的风险 / 061

第二节　销售政策与复盘 / 062

第三节　授信与应收账款管理 / 063

第四节　销售业务的风险管理 / 067

第七章　资金风险管理——管好企业的"生命线"

第一节　资金管理的风险 / 069

第二节　现金业务管理 / 070

第三节　银行业务管理 / 072

第四节　资金计划与融资管理 / 075

第五节　第三方支付的管理 / 079

第八章　资产风险管理——守住企业的"摇钱树"

第一节　资产管理中应关注的风险 / 082

第二节　资产的分类 / 083

第三节　存货的管理 / 084

第四节　固定资产的管理 / 093

第五节　无形资产的管理 / 097

第九章　税务风险管理——维护企业的"好形象"

第一节　税务风险的管理 / 103

第二节　税务管理体系的搭建 / 104

第三节　税务管理事项操作指引 / 106

第四节　重难点涉税事项 / 112

第十章　财务信息披露管理——搭好企业的"宣传栏"

第一节　财务信息披露的风险 / 118

第二节　财务信息披露的原则 / 120

第三节　财务信息披露管理 / 121

第十一章 信息系统风险管理——强化内控的"好工具"

第一节 企业信息化发展 / 141

第二节 信息化的风险 / 144

第三节 信息化的风险管理 / 145

第十二章 稽核管理体系的搭建——风险管理的"压舱石"

第一节 稽核管理的概述与内容 / 153

第二节 稽核流程与监督整改 / 156

第三节 稽核工作要点 / 158

第四篇 提升财务风险管理能力

第十三章 财务管理者如何提升风险管理能力

第一节 风险管理的全员参与 / 164

第二节 风险管理思维的培养 / 165

第三节 风险管理能力的提升 / 167

第十四章 财务共享服务中心——业财管理的新起点

第一节 财务共享中心的发展 / 176

第二节 共享中心的建设 / 177

第一篇　财务风险知识

　　财务风险的内涵和范围不是一成不变的，而是随着现代企业对财务管理的认知以及财务管理的范围和职能的不断变化而不断更迭的。财务风险早已不是单纯从字面理解的"财务的风险"，而是企业需要面对的"与财务相关的所有风险"。要想准确理解财务风险，就要先理解财务风险的内涵。

第一章　财务风险的内涵

第一节　风险的定义与种类

一、风险的定义

早在19世纪,西方古典经济学家就提出了"风险"这一概念,认为风险是经营活动不可避免的附带产品,经营收入是因承担风险而得到的报酬。但随着现代经营理论的发展,经济学界更倾向于"风险中蕴含变革和机会"的理念,即"危中有机"。

2006年,我国国务院国有资产监督管理委员会发布《中央企业全面风险管理指引》,将企业风险定义为"未来的不确定性对企业实现其经营目标的影响",并以能否为企业带来盈利等机会为标志,将风险分为纯粹风险和机会风险。纯粹风险指的是只产生损失的风险;机会风险指的是盈利和损失可能性并存的风险。

我们需要从以下几个方面理解风险。

(1)企业风险与企业战略相关。企业的战略不同,相应的运营流程与经营组织会有所不同,因此企业面临的风险也就不同。

(2)风险是一系列可能发生的结果,而不是最有可能发生的结果。因此,在理解和评估风险时,企业会涉及众多的不确定性。

(3)风险既具有客观性,也具有主观性。不同风险的实际发生需要一系列客观条件,而经营者可以通过主观选择或改变不同的客观条件,从而使自己面对的风险产生变化。

(4)风险与机遇并存。大多数人只关注风险不利的一面,本能地厌恶风险带来的竞争失败、经营中断、资产损失、决策失误等。但其实风险本身不一定是坏事，风险与机遇总是并存的，如果只看到风险不利的一面，就无法把握风险带来的机遇。

二、风险的种类

企业面对的风险分为两大类：外部风险和内部风险。外部风险主要包括政治风险、法律风险、社会文化风险、技术风险、自然环境风险、市场风险、产业风险等；内部风险主要包括战略风险、运营风险、操作风险和财务风险等。

1. 外部风险

（1）政治风险：指完全或部分由政府官员行使权力，或因政府组织的行为而产生的不确定性。虽然政治风险更广泛地被跨国企业所重视，但它适用于国内外所有市场。政治风险通常包括外汇管制规定、进口配额与关税、组织结构、最低股比，以及信贷政策等。

（2）法律风险：指企业在经营过程中因自身经营行为不规范或外部法律环境发生重大变化而造成不利的法律后果的可能性。此外，合规风险与法律风险可能会交替存在，给企业经营带来不同程度的影响。

（3）社会文化风险：指当地不同的社会文化给企业的经营活动带来的影响。企业并购、跨国经营、企业文化等会受到社会文化风险的影响。

（4）技术风险：广义上指某新技术给某一行业或某些企业带来机会的同时，可能对另一行业或另一些企业构成的巨大威胁；狭义上指对于企业自身而言，因技术本身的复杂性或其他不确定性因素导致技术开发失败的可能性。狭义的技术风险分为技术设计风险、技术研发风险和技术应用风险。

（5）自然环境风险：指企业因生产经营或其他方面破坏了自然环境而产生损失的风险。这种损失既有经济上的，也有声誉上的。

（6）市场风险：指市场的复杂性和变动性为企业带来的与经营相关的

风险，包括价格的变化、供应商的变化、客户的变化、政策的变化及竞争的变化等。

（7）产业风险：指在特定产业中与经营相关的风险，包括产业周期、产业波动和产业集中度。

2. 内部风险

（1）战略风险：指企业在战略管理过程中，由于内外部环境发生变化以及经营主体对环境的认知力和适应力有限，导致企业产生整体性损失或战略目标无法实现的可能性及其损失。战略风险包括战略过于保守、战略过于激进和战略频繁变动三种形式。

（2）运营风险：指企业在运营过程中，由于内外部各种因素的影响，导致经营活动失败或经营活动达不到预期的经营目标的可能性及其损失。运营风险包括产品风险、市场开发风险、组织效能风险、管理结构风险，以及内外部管理者道德风险等。

（3）操作风险：指由于内部程序、人员和系统的不完备或失效，或由外部事件造成损失的风险，表现为内外部欺诈、雇佣风险、客诉风险、资产风险，以及经营中断风险等。

（4）财务风险：指企业在生产经营过程中，由于内外部环境的复杂性和无法控制的不确定因素的影响，使企业在一定时期内获取的收益与预期收益发生偏差的可能性。财务风险是客观存在的，不能被完全消除，但企业管理者可以采取有效措施来降低财务风险。

随着现代企业对财务管理的要求不断提高，财务管理对风险管理的关注不能仅局限于财务风险，而应关注企业所面临的所有与财务相关的内外部风险。层级越高的财务成本管理者，越要更多地关注外部风险和战略风险，执行层应重点关注内部风险。不同层级财务的定位见表1-1。

表1-1　不同层级财务的定位

层级	财务定位	职责侧重
执行层	记账型	凭证、记账、结账、报表
	核算型	监督、完整、准确、可比、反馈
	管理型	预算、资金、信息、共享、内控
	经营型	经营逻辑、业务理解、数据结论
决策层	决策型	市场判断、投融资、价格政策、组织结构

第二节　财务风险的内涵

对于财务管理工作，很多人的认知还停留在"就是把钱管好、把账算好、少交税"这一层面，甚至一些企业的老板也认为财务就是把钱管好，因此让亲戚管比较放心……以上都是缘于人们对财务管理工作缺乏准确的认知。现代企业对财务管理的要求早就突破了传统财务的边界，而是向着业务化、市场化、信息化方向发展。

（1）业务化方面，要求财务要懂业务。一个"懂"字，看似简单，其实要求非常高。懂哪些？懂到什么程度？如何用专业术语与业务团队沟通，帮助业务部门解决经营痛点？这些都需要财务成本管理者花费大量时间和精力去学习和思考。

（2）市场化方面，要求财务成本管理者内外兼修。对外，财务管理者要了解行业发展趋势，从而辅助经营部门明确竞争态势，准确判断市场，协助制订竞争策略，同时积极争取各项外部资源。对内，财务管理者要参与价格制订和市场活动，要能够与各业务团队进行有效沟通，从而形成合力，解决问题，推动经营。

（3）信息化方面，财务成本管理者需要参与制订企业信息发展规划。通过信息化实现数据管理和要点管理，这样既能提升企业整体的经营效率，又能使各项作业流程标准化，规避人为因素干扰，并最大限度地提升数据处理效率和数据分析价值。

现代企业对财务管理的要求涵盖了企业经营的各个方面，因此，财务风险的内涵实质上就是影响经营成果的各项风险。诚然，财务成本部作为企业的一个职能部门，受制于成本和效率，不可能也没必要对企业面临的所有风险予以关注并加以管理，但企业的市场、招采、销售、资金、资产、税务、报表、信息化等环节的重要风险都需要财务成本管理者倾注大量的时间和精力去识别、评估和应对，从而协助并推动经营班子建立一个体系化、全员化、专业化的全面风险管理机制。全面风险管理机制有别于传统风险管理，具体区别见表1-2。

表1-2 传统风险管理与全面风险管理对比

不同角度	传统风险管理	全面风险管理
涉及面	财务和审计重点参与	高层积极推动，全员参与
连续性	只针对特定时期或特定项目	系统的、有重点的、持续的
态度	被动地将风险管理作为成本中心	主动地将风险管理作为价值中心
目标	转移或避免风险	与战略相关联，寻求最优风险管理措施
方法	事后反应式的检查、应对	事前风险防范、事中预警、及时处理，事后风险报告、评估、备案、应对

第三节 财务风险管理目标

财务风险管理首先要明确企业的风险偏好和风险承受度,即企业愿意承担风险的范围,以及愿意承担什么样的风险和承担多大的风险。企业的财务风险管理必然带来管理成本的提升,是否需要提高100%的管理成本来应对1%的风险,并且财务风险也不可能因为管理的提升而被百分百地应对。因此,明确企业的风险偏好和风险承受度,其实就是明确企业在风险和收益之间的平衡点。

财务风险管理的目标与企业战略相关联。尽管不同企业的财务风险管理目标不尽相同,但总体来说,可以参考《中央企业全面风险管理指引》中对风险管理总体目标的设定。

(一)确保将风险控制在与总体目标相适应并可承受的范围内;

(二)确保内外部,尤其是企业与股东之间实现真实、可靠的信息沟通,包括编制和提供真实、可靠的财务报告;

(三)确保遵守有关法律法规;

(四)确保企业有关规章制度和为实现经营目标而采取重大措施的贯彻执行,保障经营管理的有效性,提高经营活动的效率和效果,降低实现经营目标的不确定性;

(五)确保企业建立针对各项重大风险发生后的危机处理计划,保持企业不因灾害性风险或人为失误而遭受重大损失。

从上述风险管理总体目标的表述中不难看出,(一)和(五)更多涉及决策层,(二)、(三)和(四)则多与执行层相关。因此,不同层级的财务成本管理者需要关注的层面是有差别的。本书第二篇侧重于决策层搭建企业风险管理体系的相关内容，第三篇则重点阐述执行层在具体执行过程中的财务风险管理要点。

第二篇　风险管理体系

  构建相对完整的、符合企业现阶段发展要求的并不断调整完善的内部控制制度，需要企业建立一整套风险管理体系作为支撑。建立风险管理体系包括以下五个方面：①收集风险管理相关信息；②进行风险评估；③制订风险管理策略；④提出和实施风险管理解决方案；⑤风险管理的监督与改进。

  在完成建立企业风险管理体系所需的内外部初始信息的收集后，如何有效识别风险，对风险所带来的影响进行综合评估，制订风险应对策略，执行风险应对方案，并不断根据风险的变化，评估、改进应对策略，是一个完整的、不断优化的闭环管理体系。企业阶段性面临的风险是客观存在的，风险评估的作用是发现、评价、应对，因此，建立在风险评估基础上的风险管理策略是财务成本管理者应关注的重中之重。

第二章 风险管理策略

第一节 风险管理策略的定义

风险管理策略,指的是企业根据自身所处的内外部环境,围绕企业发展战略,确定风险偏好、风险承受度、风险管理有效性标准,选择风险承担、风险规避、风险转移、风险转换、风险对冲、风险补偿、风险控制等适合的风险管理策略的工具,并确定与之相匹配的人、财、物的资源的配置原则。企业针对不同的风险可采取不同的风险管理策略,比如:针对内部管理中的战略、运营、财务等风险,更多采取风险承担、风险规避、风险转换、风险控制等手段应对;而针对能够通过外部资源,如保险、期货、对冲等金融手段进行管理的风险,则更多采取风险转移、风险补偿、风险对冲等手段应对。总之,风险管理策略是企业根据经营战略制订的风险管理总体策略,并在风险管理中起承上启下的作用。

第二节 风险管理策略的工具

上文提及的风险管理策略的工具,各有其适用环境和适用特点,企业管理层应根据不同风险类型和自身所处的内外部环境,综合使用不同的风险管理工具,制订符合本企业发展战略、风险偏好的风险管理策略。

风险管理策略的工具分类见表2-1。

表2-1 风险管理策略的工具分类

工具分类	定义	采用原因	不足	举例
风险承担	对风险采取接受的态度，承担风险带来的所有后果	（1）缺乏识别能力，只能承担；（2）没有其他备选方案；（3）成本效益考虑，承担最优	对于影响企业存亡的重大风险，通常不能采取风险承担这一方式	损失赔偿
风险规避	回避、停止或退出存在风险的商业活动或商业竞争	（1）管理层风险偏好；（2）管理层风险承受度较低	对于风险的回避，往往也意味着对机会的放弃	停止生产可能存在缺陷的产品
风险转移	将合同风险转移给第三方	（1）市场上存在愿意承担此项风险的第三方；（2）管理层倾向于为此类风险支付成本，且主观认为是划算的	风险不会消失，只是花费一定的成本进行转移，无法确定是否划算	购买保险、将风险证券化
风险转换	通过战略调整，转换企业面临的风险种类	（1）风险可以被转换；（2）管理层倾向于面对另一种风险	不会降低企业的总风险	如通过放宽信用，扩大销售
风险对冲	承担多种风险，从而使风险相互抵消	（1）某些风险具有天然对冲性质；（2）管理层主动追求更稳健的收益	只适用于风险组合，不适用于单一风险	多种经营、套期保值

续表

工具分类	定义	采用原因	不足	举例
风险补偿	对风险可能造成的损失采取适当的补偿措施	企业有信心和能力通过人、财、物等手段主动承担风险	风险造成的损失可能高于预计	风险准备金、应急资本
风险控制	控制风险事件发生的动态、原因、条件和环境，减轻损失金额，降低损失概率	风险控制的对象通常为可控风险	对企业自身不可控风险无能为力	禁止在办公室吸烟，以防止火灾

第三节　风险管理的资源配置

风险管理的资源包括人才、组织设置、政策、设备、物资、信息、经验、知识、技术、信息系统、资金等。由于风险管理体系的搭建需要具有广度和深度，资源的配置一般是多方面和综合性的。企业应当统筹兼顾，将有限的资源用于与自身发展战略相匹配的、需要优先解决的重大风险防范上。

风险管理的资源可以是外部的，也可以是内部的，如信息、知识、技术等资源可以通过外部获取，也有些资源，如经验等，则只能靠内部积累获得。

第四节 风险管理的优先顺序

企业应根据风险与收益相平衡的原则以及各种风险在企业发展中所处的不同位置,进一步确定企业风险管理的优先顺序,明确风险管理的资金预算和控制风险的组织体系、人力资源、应对措施等总体安排。

风险与收益相平衡的原则,就是在风险评估结果的基础上,全面考虑风险与收益。企业管理层需要在资源有限的条件下,搭建体系化的风险管理系统,着重于优先处理"颠覆性"的风险问题,保证企业持续发展。确定风险管理的顺序时可以考虑以下因素。

(1)风险发生的可能性和影响。

(2)风险管理的难度。

(3)风险的价值或管理可能带来的收益。

(4)合规的需要。

(5)企业对技术装备、人力、资金的需求。

(6)各利益相关者的要求。

企业应定期总结和回顾已制订的风险管理策略的有效性和合理性,结合企业的发展不断修订,重点关注依据风险偏好、风险承受度和风险控制预警线所实施的结果是否有效,防范是否及时到位,并提出定性和定量的有效性标准。风险管理策略通常会随着企业经营情况、经营战略、外部环境的变化而调整。

制订风险管理策略要考虑企业整个风险管理体系的建设情况,比如企业是否具备强有力的风险防控组织职能支撑,经济上预算能否覆盖,技术上能否实现信息化管理,等等。好的风险管理策略,是体系化、信息化、统一化的产物。

第五节 风险管理的职能部门

企业风险管理的职能部门，除了财务成本部以外，还包括规范的公司法人治理结构、风险管理职能部门、内部审计部门、法律职能部门及其他业务部门。现代管理体系分工明确，相互制约，一个业务项目通常由多个部门配合完成，由专业的人干专业的事，既可以提高工作效率，又可以实现不相容职责分离，防范内部风险。因此，风险管理需要整个公司所有部门共同完成。财务成本部在整个风险管理体系中的职责更多偏向于及时发现问题，体系化解决问题，制订相应的制度和管控流程，推动信息体系升级，树立风险管理意识，压实业务部门管理责任，从而将企业发展过程中面临的各种风险控制在合理范围内，为企业生产经营保驾护航。

企业面临的风险有战略方面的，有经营方面的，也有内部控制方面的。本书限于篇幅，将着重介绍财务管理工作中经营和内部控制风险的应对。第三篇将从企业常见的各类实务出发，深入解读企业风险管理过程中与财务管理相关的各类风险及管控原则。

第三章　内部控制的发展与延伸

第一节　内部控制的要素

内部控制，是指公司的董事会、管理层及其他人士为实现运营的效益、效率、财务报告的可靠性和遵守适用的法律法规而实施的程序。建立适合企业发展的、有效合理的内部控制机制是实现企业风险管理目标的有效手段。

提到内部控制就不得不提COSO（The Committee of Sponsoring Organizations of the Treadway Commission）——美国反虚假财务报告委员会下属的发起人委员会。1985年，由美国注册会计师协会、美国会计协会、财务经理人协会、内部审计师协会、管理会计师协会联合创建了反虚假财务报告委员会，旨在探讨财务报告中舞弊产生的原因，并寻找解决之道。两年后，也就是1987年，基于该委员会的建议，其赞助机构成立了COSO，专门研究内部控制问题。1992年9月，COSO发布《内部控制—整合框架》，简称COSO报告。在该份报告中，内部控制涵盖了以下五个要素。

1. **控制环境**（control environment）

控制环境包括员工的诚信度、道德观、价值观和能力；管理层的管理哲学和经营风格；管理层对权限和责任的分配；员工的组织、发展方式；董事会提供的关注和方向。控制环境影响员工的控制意识，是内部控制的基础。企业只有拥有良好的控制环境的能力，内部控制的其他要素才能发挥作用。控制环境是内部控制的基石。

2. **风险评估**（risk assessment）

风险评估是确认和分析实现目标过程中的相关风险，是管理各种风险的依据。它随经济、行业、监管和经营条件而不断变化，需建立一套机制来辨认和处理相应的风险。风险评估是风险管理的前提。

3. 控制活动（control activities）

控制活动是执行内部控制管理指令的政策和程序。它贯穿整个组织、所有层级和所有职能，包括各种活动，如审批、授权、调整、经营分析、绩效评价、资产保护，以及不相容职务分离等。控制活动体现在企业不同层级的不同部门中。

4. 信息与沟通（information and communication）

信息系统涵盖企业经营活动中内部生成的信息，以及与经营活动相关的外部事件、活动等信息。所有员工都要理解自己在控制系统中所处的位置，以及相互间的关系，同时也必须同外部团体，如客户、供货商、监管机关、债权人或股东进行有效沟通。信息与沟通还包括建立反舞弊机制，建立投诉制度和举报人保护机制。

5. 监督与检查（monitoring）

在经营过程中，通过对正常的管理、控制活动及员工执行职责过程中的活动进行监督和检查，来评价内部控制系统运作的有效性。内部控制系统的缺陷要及时向上级报告，问题严重的话，要报告管理高层和董事会。监督和检查是内部控制系统自我净化的有效机制。

上述每个要素均承载内部控制的三个目标：经营目标、财务报告目标以及合规性目标。

第二节 内部控制的应用

内部控制的应用实际就是企业在各个业务循环中建立的具体管理措施。不同企业在业务循环中都会根据自身的业务逻辑、资源投入和风险偏好等因素制订符合当下发展的具体管理措施。尽管如此，在不同的业务中，管理的原则和方向不会变，管理的要点不会变。比如，对于资金的管理来说，有的企业采用集团资金归集，有的则采用地方收支两条线，但总体上"管钱不管账"这一职责分离原则不会变，对资金日清月结的要求不会变。

1. 内部控制应用指引介绍

为了加强和规范企业内部控制，提高企业经营管理水平和风险防范能力，促进企业可持续发展，维护社会主义市场经济秩序和社会公众利益，根据国家有关法律法规，财政部会同证监会、审计署、银监会、保监会制定了《企业内部控制基本规范》，并要求所有上市公司自2009年7月1日起施行。随后，财政部出台了《企业内部控制应用指引第1号——组织架构》等18项应用指引，以及《企业内部控制评价指引》和《企业内部控制审计指引》，要求所有上市公司陆续执行。

18项《企业内部控制应用指引》分别为：《企业内部控制应用指引第1号——组织架构》《企业内部控制应用指引第2号——发展战略》《企业内部控制应用指引第3号——人力资源》《企业内部控制应用指引第4号——社会责任》《企业内部控制应用指引第5号——企业文化》《企业内部控制应用指引第6号——资金活动》《企业内部控制应用指引第7号——采购业务》《企业内部控制应用指引第8号——资产管理》《企业内部控制应用指引第9号——销售业务》《企业内部控制应用指引第10号——研究与开发》《企业内部控制应用指引第11号——工程项目》《企业内部控制应用指引第12号——担保业务》《企业内部控制应用指引13号——业务外包》《企业内部控制应用指引第14号——财务报告》《企业内部控制应用指引第15号——全面预算》《企业内部控制应用指引第16号——合同管理》《企业内部控制应用指引第17号——内部信息传递》《企业内部控制应用指引第18号——信息系统》。

2. 应用指引概要

组织架构、人力资源和企业文化更多是人力行政部结合企业发展战略和现实资源设计并搭建的,本书暂不涉及。

发展战略,是指企业在对现实状况和未来趋势进行综合分析和科学预测的基础上,制订并实施的长远发展目标和战略规划。企业在发展战略上的主要风险包括:①缺乏明确发展战略或发展战略实施不到位;②发展战略过于激进,企业资源无法匹配,导致战略失败;③发展战略因主观原因频繁变动,导致资源浪费。发展战略要在充分调研、科学分析和广泛征求专业意见的基础上制订并分解,并定期评估战略达成情况,当客观环境发生重大变化时,还需要及时调整发展战略。

社会责任,是指企业在经营过程中应当履行的社会责任和义务,主要包括安全生产、产品质量(含服务)、环境保护、资源节约、促进就业、员工权益保护、依法纳税等。企业要想做强做大,必须踏踏实实践行社会责任,尤其在安全生产和环境保护方面,否则可能会给企业带来灭顶之灾。

2014年8月2日,位于江苏省昆山市昆山经济技术开发区的昆山中荣金属制品有限公司抛光二车间发生特别重大铝粉尘爆炸事故,依照《生产安全事故报告和调查处理条例》规定的事故发生后30日报告期,共有97人死亡、163人受伤,直接经济损失3.51亿元。事故原因为该公司违法违规组织项目建设和生产,违法违规进行厂房设计与生产工艺布局,违规进行除尘系统设计、制造、安装、改造,车间铝粉尘集聚严重,安全生产管理混乱,安全防护措施未落实。依照有关法律法规,涉嫌犯罪的18名责任人被移送至司法机关依法追究责任,其他35名责任人被给予党纪、政纪处分。这起事故给员工的家庭带来了重创,打断了企业的持续经营,给企业带来灭顶之灾。

此外,工程项目、担保业务和业务外包三项应用指引仅适用于个别行业,不具普遍性,本书暂不涉及。

本书的第三篇将着重介绍九大风险管理实践,涉及与财务风险管理直接相关的十大应用指引,既具有普遍适用性,又具有财务风险管理的实操性。

第三节　内部控制的评价

评价内部控制的目的是对既有的内部控制的有效性进行全面评估，及时发现内部控制存在的缺陷并加以整改。评价需遵循全面、重要、客观的原则，即评价工作应关注内部控制的设计和运行，涵盖所有范围和业务循环，同时重点关注重大业务、重要单位和高风险领域，揭示经营管理的风险状况，如实反映内部控制设计和运行的有效性。

对内部控制的评价，是整个内部控制管理的闭环动作。内部控制评价应紧紧围绕内部控制的五个要素，即控制环境、风险评估、控制活动、信息与沟通、监督与检查。这五个要素涵盖了所有的内部控制内容和业务循环。

1. 对控制环境的评价

企业组织开展对控制环境的评价，应当以组织架构、发展战略、社会责任等应用指引为依据。其中，组织架构评价主要从组织架构的设计和运行等方面进行；发展战略评价主要从发展战略制订的合理性、有效实施和适当调整三个方面，以及战略的发展性、适应性、可达成度三个维度进行；社会责任评价可以从安全生产、产品质量、环境保护与资源节约、促进就业、员工权益保护等方面进行。因此，对控制环境评价需结合本企业的内部控制制度，对内部环境上述维度的设计和运行进行评价。

2. 对风险评估的评价

企业组织开展风险评估评价，应当以《企业内部控制基本规范》中有关风险评估的要求，以及各项应用指引中所列的主要风险为依据，结合本企业的内部控制制度，对日常经营管理过程中的风险识别、风险分析、应对策略等进行认定和评价。

3. 对控制活动的评价

企业组织开展控制活动评价，应当以《企业内部控制基本规范》和各项应用指引中的控制措施为依据，结合本企业的内部控制制度，对业务循环的控制措施的设计和运行情况进行认定和评价。

4. 对信息与沟通的评价

企业组织开展信息与沟通的评价，应当以内部信息传递、财务报告、信息系统等相关指引为依据，结合本企业的内部控制制度，对信息收集、处理和传递的及时性，反舞弊机制的健全性，财务报告的真实性，信息系统的安全性，以及利用信息系统实施内部控制的有效性进行认定和评价。

5. 对监督与检查的评价

企业组织开展内部监督与检查评价，应当以《企业内部控制基本规范》中有关内部监督的要求为依据，结合本企业的内部控制制度，对内部监督机制的有效性进行认定和评价，重点关注各部门、各关键控制点和控制人是否在内部控制设计和运行中有效发挥监督与检查的作用。

在评价内部控制的有效性的过程中，评价还可以帮助管理者识别内控缺陷。内控缺陷包括内控设计缺陷和内控运行缺陷。比如，企业未建立定期的资产盘点制度属于内控设计缺陷，而已建立定期资产盘点制度，但没有人去执行则属于内控运行缺陷。在识别了上述内控缺陷后，企业应根据重要性原则，先就重大或重要的缺陷抓紧形成评估整改方案，并落地执行，最终逐步完善公司内控管理机制，助力经营战略达成。

第三篇　财务风险管理实践

本篇将从实务操作层面，从《企业内部控制应用指引第1号——组织架构》等18项应用指引中选取与财务成本管理最相关的十大应用指引，分别从经营计划、招采、销售、资金、资产、税务、信息披露、信息化等不同类型的业务出发，在经营和内控层面解读不同业务的风险管理难点和风险管理办法。为便于对应查找，下表将第三篇中各章节与其相对应的应用指引内容列示如下。

章名	应用指引内容
第四章 经营计划风险管理——完成指标的"跟踪器"	全面预算
第五章 招标采购风险管理——优化成本的"控制器"	采购业务、合同管理
第六章 销售收入风险管理——夯实企业的"饮水源"	销售业务
第七章 资金风险管理——管好企业的"生命线"	资金活动
第八章 资产风险管理——守住企业的"摇钱树"	资产管理、研究与开发
第九章 税务风险管理——维护企业的"好形象"	社会责任、财务报告
第十章 财务信息披露管理——搭好企业的"宣传栏"	财务报告
第十一章 信息系统风险管理——强化内控的"好工具"	信息系统

第四章　经营计划风险管理
——完成指标的"跟踪器"

第一节　经营计划的意义

经营计划是指根据经营战略决策方案有关目标的要求，为方案配置所需的各种资源，从时间和空间上做出统筹安排。经营计划是否等同于预算呢？应该说，经营计划包括预算，预算是经营计划的一部分，是经营目标的数据表现，但经营计划还包括为实现经营目标而采取的措施和投入的资源。

1. 对经营计划的理解

一些编制预算很多年的财务工作者认为预算就是数字游戏，就是上下博弈达成的一个妥协的结果。这种说法既对，也不对。其差别主要是看编制的到底是预算，还是经营计划，二者的差别主要表现为以下几点。

（1）数据的背后到底有没有措施予以保障。

（2）相应措施能否在经营计划编制期内合理落实。

（3）在内外部环境发生变化后，是否对经营计划进行合理调整，使之始终具备合理性和指导性。比如，自新冠肺炎疫情暴发以来，世界范围内对医疗行业的需求陡增，部分龙头医药公司的收入实现了上百倍的增幅。在这种情况下，2019年编制的下一年度经营计划显然失去指导意义。

2. 经营计划的重要意义

经营计划的重要意义在于：制订年度目标，指导资源投入，合理管理成本，规划达成路径。

（1）制订年度目标。"凡事预则立，不预则废。"经营计划是指导公司全年销售、生产、经营、考核的"跟踪器",因此经营计划需要确立年度目标,并将目标层层分解,落实至每个经营主体、每个经营周期。比如,利润中心要制订合理的销售目标和利润指标,成本中心要制订合理的成本管理目标。表4-1是某公司制订的2021年经营计划。

表4-1 ××公司2021年经营计划

项目	业态	2019年实际（万元）	2020年实际（万元）	2021年计划（万元）	增长率（%）（2021年较2020年）
收入	A业态	19 766.6	25 791.7	32 827.0	27
	B业态	4 611.5	6 572.0	7 592.9	16
	C业态	7 366.6	11 918.9	14 109.3	18
	合计	31 744.7	44 282.6	54 529.2	23
利润	A业态	4 352.1	1 327.5	1 627.2	23
	B业态	2 401.3	3 305.3	3 336.4	1
	C业态	-300.2	1 013.7	2 002.2	98
	合计	6 453.2	5 646.5	6 965.8	23

（2）指导资源投入。为了完成年度指标,公司需要进行资源投入。这部分资源投入不同于生产成本,而是资本性的投入,如需要改建、扩建厂房设备,需要增加销售单位,需要引进新的产品和新的技术等,即财务上的资本性支出。资本性支出按是否产生效益分为:非收益类资本性支出（往往涉及品质、安全等）、收益类资本性支出（改善资产经营收益）。非收益类资本性支出的管理通常实行量入为出的总量控制。表4-2是某集团

的非收益类资本性支出的控制标准。

表4-2　××集团非收益类资本性支出的控制标准

业态	控制标准
A业态	不超过营业收入的5%
B业态	不超过营业收入的2%
C业态	不超过营业收入的2%

而收益类资本性支出的管理通常需要结合经营计划的年度目标，一般不设金额上限，实行回收期控制，以静态投资回收期作为审批和考核的核心指标。表4-3是某集团收益类资本性支出的控制标准。

表4-3　××集团收益类资本性支出的控制标准

业态	静态投资回收期
A业态	5年
B业态	3年
C业态	5年

静态投资回收期，是指资产完成工程改造、完成采购投入后，在不计资金利息成本的情况下，形成的增量利润抵偿资本性支出所需要的时间。静态投资回收期若超出了企业制订的控制标准，通常需遵照"一事一议"原则报更高层级领导审批。

财务成本部还需要根据财务管理相关制度，对资本性支出情况进行财务检查，并重点对收益类资本性支出投入产出效益进行复盘，将其产生的收益纳入年度考核范围。涉及采购的资本性支出，需按照企业相关采购制度执行。

（3）合理管理成本。合理编制经营计划，可以有效管理成本。这里的成本指的是日常的生产成本和经营性费用，比如生产能耗相较去年增减变动的原因，如何通过有效管理手段合理控制能源费用等，都需要在经营计划中明确逻辑关系，最终根据销售目标推导出生产所需的各项成本费用。

（4）规划达成路径。经营计划中需要明确不同职能部门在每个周期内的计划管理目标，从而形成全年指标的达成路径。表4-4是某企业经营计划简表。

表4-4　××企业经营计划简表

序号	项目		责任部门	2020年经营计划	2019年实际执行	（2020年较2019年）	
						增长	涨幅
运营指标	出票人次						
	入园人次						
	入园转化率						
	门票客单价						
	乐园商业消费客单价						
	乐园商业入园客单价						
1	**收入合计**						
1.1	门票（设备）收入						
1.2	商业管理收入						
1.3	其他服务收入						

续表

序号	项目	责任部门	2020年经营计划	2019年实际执行	(2020年较2019年)	
					增长	涨幅
1.4	其他收入					
2	**营业成本**					
2.1	商业管理成本					
2.2	滑雪学校成本					
2.3	能源成本					
2.4	维保成本					
2.5	物料消耗(非商业)					
2.6	安保费用					
2.7	保洁费用					
2.8	演出成本					
2.9	信息化费用					
2.10	保险费					
2.11	仓储物业费					
2.12	维生成本					
2.13	游客市场调研					
2.14	其他前场人员薪酬					
2.15	其他成本					

续表

序号	项目	责任部门	2020年经营计划	2019年实际执行	（2020年较2019年）	
					增长	涨幅
2.16	外方管理费					
3	**税金及附加**					
4	**市场营销费用**					
4.1	市场推广费用					
4.2	渠道销售费用					
4.3	调研及监测费用					
4.4	乐园活动及氛围费用					
4.5	营销人员薪酬					
4.6	营销部门控制费用					
5	**管理费用**					
5.1	人力成本					
5.2	行政费用					
6	**财务费用**（剔除借款费用）					
7	营业外收支					

续表

序号	项目	责任部门	2020年经营计划	2019年实际执行	（2020年较2019年）	
					增长	涨幅
7.1	营业外收入					
7.2	营业外支出					
8	EBITDA[①]					
9	ITDA[②]					
9.1	折旧摊销					
9.2	项目租金					
9.3	借款费用					
9.4	企业所得税					
10	财务报表净利润					
11	人力成本合计					

上述各项经营指标还需按月进行分解，从而确保稳步达成全年目标。

---

① EBITDA是Earnings Before Interest, Taxes, Depreciation and Amortization的缩写，即税息折旧及摊销前的利润。

② ITDA是息税折旧总额。

第二节 经营计划的编制与执行

一、经营计划的编制

经营计划的编制需要"上下结合、指标明确、逻辑清晰、依据翔实",并贯穿所有经营环节。

(1)经营计划的编制需要根据企业发展战略,充分考虑企业面临的内外部环境,结合企业自身资源,通过多轮次、多维度的上下沟通,最终达成企业年度经营计划。

(2)经营计划的编制需要通过经营手段、资源配置推导出明确的、多方面的、可量化的数据指标,如收入、成本、利润。类似于品质、安全等无法直接数据化的指标,也需要间接量化为客诉率、成品率、各级安全事故数量等,这样才能进行对比和考核,否则经营成绩无从评价,经营计划的编制就毫无意义。

(3)经营计划的编制应逻辑清晰。首先,所有的收入类型需要根据市场情况、销售单价按月制订。其次,各项生产成本需结合销售目标、合理库存和生产周期,结合经营计划中的合理降本手段进行编制,如市场费用应根据企业全年市场活动铺排制订,行政费用应根据企业员工数量和标准制订。最后,经营计划的数据指标应最终落位于"三大表一大纲",即下一年度预计利润表、预计资产负债表、预计现金流量表和下一年度全年营销大纲。

财务成本部需要牵头、统筹、指导所有业务部门的整体经营计划的编制,并根据预计经营安排,审核预计经营数据,判断数据与经营举措之间的逻辑性、合理性,并进行同行业、同维度、同标准的横向对比,以确保经营计划的编制及时、合理、准确。

二、经营计划的执行

经营计划的管控起点是立项。所谓立项,举例来说就是,业务部门申请花费一笔资金做一件事。立项的意义在于通过业务部门和财务成本部、总经理,甚至企业各条线沟通,明确这件事要不要做。如果要做,如何去做?有没有更好的方案?确定的方案大概需要花费多少金额?使用的金额是否超出预算?如果超出预算,这件事的花费能否达成更高的收益指标?……

以采购立项为例。财务成本管理者在立项的审核过程中,要做到如下方面。

首先,要根据业务性质帮助业务部门判断该事项属于日常经营事项还是资本支出事项,是占用全年经营预算还是属于资本性支出预算,从而使该事项适用相应的审批流程。

其次,上述拟立项的采购事项是否在当年预算涵盖范围内。如果该拟立项的采购事项超过预算,则需要判断该事项的类型是属于紧急采购事项(意外发生,如不采购,可能导致经营中断或安全风险),还是属于增量采购事项。如属于后者,则需要与业务部门沟通,判断该事项是否如业务部门的预测确实能够带来额外的增量收益,并测算出预计增量收入和增量利润。对于超出当年预算的拟立项的采购事项,只有完成上述测算并判断该事项能够带来较好的增量收益,该立项才有可能通过审核。

再次,财务成本管理者对于立项中的资本性支出需要测算并判断其是否有更经济的实现方式。比如,是购买划算,还是租赁划算。如果租赁,需要确认是采用融资租赁的方式还是普通租赁的方式。如果是经营性采购,需要根据存货的库存情况和周转效率来判断最佳采购数量。

还要考虑:如果企业资金不足,上述立项是否需要融资?如果需要融资,采用何种融资方式能够降低企业的财务成本?这些都需要财务成本管理者提前筹划,深度参与。

第四章 经营计划风险管理

因此，财务成本管理需贯穿从立项到合同，到付款，再到结算的全过程。如果财务成本管理者只参与付款和结算环节的管控，而不参与立项环节的管控，一旦该项目完成，该立项是否超出预算便无从管控，财务分析的功能无法发挥，更失去了提前布局并深度参与业务风险管理的契机。贯穿式的财务管理能够确保所有业务事项执行合规、风险可控，是实现防范财务风险，助力企业经营的有效手段。各环节具体管理措施如下。

业务部门在做立项申请时，往往需要明确以下几个要素：使用时间、立项名称、立项内容、立项部门、使用周期、立项金额、预算出处、招采方式、落地方案、审批层级等。表4-5是某公司的立项申请表。

立项审批完成后，财务成本部建立预算管理台账并不断更新实际执行情况。预算管理台账分别从合同管理卡、立项执行明细表、预算执行进度三个维度进行管理。财务成本部整体把控预算，确保全年预算达成的同时，督促业务部门形成预算管理思维，增强业务部门的成本管理意识。

通过合同管理卡中不同信息的标准化填列，使用Excel表格中的一些函数公式将合同管理卡中的标准信息引用，可以做成一个标准化的立项执行明细表，如表4-6。再通过筛选和汇总，可以得到预算执行进度。当立项工作中完成合同签订、合同结算、款项支付后，再依次将立项执行表中占用预算的金额从立项金额更新为合同结算金额，使企业管理层可以适时了解立项金额的释放情况和预算各项目的使用情况。

表4-5 ××公司的立项申请表

序号	公司	立项项目名称	立项内容及金额摘要	使用时间	预算科目	预算金额(万元)	立项金额(万元)	立项时间	使用周期	立项部门	立项负责人	招采方式	审核意见	落地方案	备注
1	××公司	临时办公区租赁费用	按照人员入职计划，2018年12月31日将有153人入职，因办公需要租赁临时办公室，从而满足办公、会议两大功能。根据集团行政制度，满足上述人员和两大功能的办公区使用面积约为900平方米，按照90%的套内面积占比计算，1 000平方米需租部门租赁面积，各从降成本的角度考虑，各部门租赁面积同比例缩减15%，拟定租赁面积不大于850平方米，直至2019年6月底办公楼交付	2018年7月1日至2019年6月30日		97.2	36.7			人力行政部	××	比价		依据项目所在地租赁市场调差价格，平均租金为30元/平方米/月，物业费为6元/平方米/月，电费为1.1元/度，水费为5.2元/吨。2018年7月1日至2019年6月30日（12个月，经与潜在供方商定，可按照实际使用月份，提前终止合同），合计费用36.72万元	
2	……														
合计(万元)															

第四章　经营计划风险管理

表4-6　××公司立项执行明细表

序号	科目		立项名称	流程编号	月份	日期	立项金额（含税）	调整金额（含税）	调整后立项（含税）	结算状态	付款比例	释放金额	合同信息		
	一级科目	二级科目											合同编号	对方单位	合同名称
1	营业成本	维保成本	文旅直委立项审批：（××业态）关于"××原厂备件"项目直委立项申请-2000273068	2010465507	10月	2020年10月15日	21.61（万元）			已完结	0%				
2	营业成本	维保成本	文旅直委立项审批：（××业态）关于（BM厂家××原厂件）项目直委立项申请-2000273028	2010450314	10月	2020年10月15日	19.95（万元）			已完结	0%				

续表

序号	一级科目	二级科目	立项名称	流程编号	月份	科目 日期	立项金额（含税）	调整金额（含税）	调整后立项（含税）	结算状态	付款比例	释放金额	合同编号	合同信息 对方单位	合同名称
3	营业成本	维保成本	文旅直委立项审批：（××业态）关于（××赞培拉厂家×ד原厂备件）项目直委立项申请-2000273628	2010479985	10月	2020年10月17日	521 415（元）			已完结	0%				
4	营业成本	维保成本	文旅直委立项审批：（××业态）关于（中山金马设备×ד原厂备件）项目直委立项申请-2000273708-2000281980	2011271209	11月	2020年11月07日	107 940（元）			未完结	0%				

第四章 经营计划风险管理

续表

序号	科目		立项名称	流程编号	月份	日期	立项金额（含税）	调整金额（含税）	调整后立项（含税）	结算状态	付款比例	释放金额	合同信息		
	一级科目	二级科目											合同编号	对方单位	合同名称
5	营业成本	维保成本	文旅直委立项审批－立项状态：（××业务）关于（温州南方厂家××设备）项目直委立项申请-2000279447	2011271535	11月	2020年11月18日	120 587（元）			未完结	0%				
6	营业成本	维保成本	文旅直委立项审批－立项状态：（××业务）关于（工程物业部设备组空压机维保）项目直委立项申请-2000279966	2011186951	11月	2020年11月27日	17 300（元）			已完结	0%				

续表

序号	科目		立项名称	流程编号	科目			调整金额（含税）	调整后立项（含税）	结算状态	付款比例	释放金额	合同信息		
	一级科目	二级科目			月份	日期	立项金额（含税）						合同编号	对方单位	合同名称
7	营业成本	维保成本	文旅直委立项审批（×××业态）-立项审批：关于（××原厂备件）项目直委立项申请-2000282100	2011278198	11月	2020年11月27日	205 596（元）			未完结	0%				

说明：此表格为举例说明，表中的项目列举未尽。

第三节 经营计划的修正与考核

经营计划是全面预算管理的"升级版"。全面预算管理是企业从业务到数据的处理过程,而经营计划则需要将业务落实到数据,然后再回归到业务。经营计划强调所有数据的增长需要有具体的行动计划作为支持。比如,某集团公司要求某下属企业2022年利润需增长10%。在全面预算管理的方式下,企业在预算中只需要体现收入增长8%,成本下降2%,即可完成利润10%的增长目标。但在经营计划管理的方式下,企业不仅要在预算数据上体现增长目标,还要在具体的增量动作和降本动作方面做出规定,有效指导企业管理层及各个部门的负责人按照经营计划开展全年的经营工作,并引导其不断思考如何达成企业的经营目标。

但是企业在经营过程中不可能一帆风顺,甚至会因为一些因素导致企业内外部经营环境发生重大变化,使得原先预估的市场环境、集团战略、内外部资源随之改变。这时,企业管理层就要重新修正年度经营计划。修正后的经营计划要能使企业更好地面对新的市场环境,能够调动一切内外部资源,推动企业快速向前、稳健发展。

修正经营计划时,可以将已经营月份的预算数额调整为实际发生的数额,依据发生变化的因素重新铺排经营思路、营销政策,仍旧围绕经营计划的编制逻辑和考核要素,对未经营月份的预算数额重新进行规划,并落位于"三大表一大纲",从而形成修正后的经营计划,指导企业的后续经营活动。

编制经营计划的最终落脚点是经营计划的考核,若没有考核,或者考核不够刚性,编制经营计划就失去了意义。经营计划的考核包括:增量动作与收入和成本的对比;增量动作是否达到预期,如未达成,原因是什么,来年如何调整;等等。其还包括收入达成情况、利润达成情况、品质系数、安全指数、人员稳定状况、市场影响力等。

第五章　招标采购风险管理
——优化成本的"控制器"

第一节　招标采购的风险

招标和采购统称为"招采"。招标是采购的前置动作，招标是为了确定供方，采购则是向已选定的供方下单，要求供方送货，并向供方付款的活动。

很多企业认为招标采购是采购部门的事，与财务关系不大，财务无须了解招标采购的相关知识，也无须参与招标采购的管理。这种错误的认知一般源于对传统财务角色定位的理解。而现代财务的角色定位早已突破了传统财务的管理边界，对于现代财务准确的认知应该是：凡是能够影响企业运营成本的业务事项都应该纳入财务的管理范畴，财务成本部需要引领所有业务部门围绕"降本增效"这一目标实施业务动作。财务成本管理者在以下方面拥有优势，有责任深入参与招标采购。

首先，财务成本管理者应在招标采购过程中拿出翔实的相关成本数据，清晰无误地告诉业务部门最佳库存是多少，何时采购最经济，并需要在仓储成本、配送成本、采购成本（尤其是有季节性差异的采购项目）间找出最佳经济点。

其次，对候选供应商资质的管理，财务成本部也需要拿出专业的意见。比如候选供应商的财务状况、营收规模及利润水平等，这些都需要财务成本管理者在审核供应商提供的资质文件和财务报告后给出专业意见。又比如，候选供应商分别是小规模纳税人和一般纳税人，可以提供的发票类型分为普通发票、小规模专票和一般纳税人专票，在一些特殊涉税采购中，财务成本管理者要协助采购部门根据相关税务条件选择合适的供应商，从而实现企业采购成本最优化。

再次，财务成本管理者通常作为商务组（后文有介绍）的组长，全程参与招标采购，并负责招标采购文件中有关商务条款的审核和商务标的开标。招标采购文件中的商务条款，如付款条件、发票类型及验收标准等，构成后续合同中的主要商务条款，而合同一旦签字，双方的权责利基本就已确定，付款就成为企业的一项义务，除非供方违反合同。而商务标的开标价格更是直接等同企业日后的采购成本。因此，财务成本管理者只有深度参与招标采购，才谈得上对财务风险进行管理，否则连亡羊补牢都为时已晚。

最后，从企业对重大招标采购事项的风险管理要求来说，为了防止招标采购中发生违规风险，重大的招标采购事项不能由一个部门单独完成。财务成本部作为企业风险管理的牵头部门，深度参与招标采购的管理已成为很多企业的标配。

招标采购向来都是风险高发的环节，各个企业在流程制度、过程信息化方面不断投入，也不断招揽德才兼备的招采管理者，并对违规行为采取零容忍的处理态度。尽管如此，招采舞弊仍旧屡禁不绝，且手段越来越隐秘，层级越来越高，给企业带来的风险、损失和负面影响也日趋增多。如何确保企业能够按照市场价值采购到质优价廉的服务和材料，避免利益输送给企业带来损失，始终是企业内部管理的重要课题之一。

1. 招标中存在的风险

（1）围标、陪标、串标的风险。围标、陪标、串标是最常见多发、影响金额较大的风险。围标，也称为串通投标，是指几个投标人之间相互约定，一致抬高或压低投标报价进行投标，通过限制竞争，排挤其他投标人，使某个利益相关者中标，从而谋取利益的手段和行为。陪标，就是在某项目进入招投标程序前，招标单位已经确定了意向单位，然后由意向单位根据投标程序要求，联系关系单位参加邀标，以便确保意向单位达到中标目的的举动。串标，指的是投标单位之间或投标单位与招标单位之间相互串通骗取中标。

（2）倾向性定标或恶意改变中标次序的风险。倾向性定标，即在招投标的各个环节采取不同方式，如对供方资质、供应产品技术参数等不同方面进行不合理的限定，从而使投标方减少甚至无法参与竞标的行为。恶意改变中标次序，即在定标结果出来后，通过不合理的招采过程，或提升人为判断权重等方式改变原本应有的中标次序的行为。

（3）规避招投标的风险。规避招投标，即对应进行或将进行招标采购的项目采取直接委托或者拆分金额多次零星采购的方式，从而规避招投标的行为。

2. 采购中存在的风险

（1）采购计划安排不合理，市场变化趋势预测不准确，造成库存短缺或积压，可能导致生产停滞或资源浪费。

（2）采购验收不规范，付款审核不严格，可能导致采购物资、资金或信用受损。

3. 招采的阶段管理

要想将上述风险控制在合理的范围内，企业就要在供方管理与入库、招采方式与定标、标函分析、执行采购与验收环节等方面制订严格的制度和流程，确保责任界面清晰，不相容职责分离，建立步骤有序、互相监督、标准明确的招采机制。

完整的招采过程可以分为四个阶段，见表5-1。

表5-1 招采过程的四个阶段

阶段	事项	操作步骤	备注
阶段一	需求立项	梳理需求，发起立项	执行立项要求
阶段二	招采计划	1. 年度招采计划 2. 月度招采计划 3. 特紧急计划	确保物资采购及时到位；招采平台操作

续表

阶段	事项	操作步骤	备注
阶段三	招采操作	1. 供方评审小组成立	招采前期基础工作
		2. 入围标准、资审文件	
		3. 考察计划	
		4. 合格供方评定	
		5. 招标计划（单项）	招投标，招采平台操作
		6. 招标小组	
		7. 招标文件	
		8. 投标承诺函（非品牌库需供方考察）	
		9. 入围单位审批	
		10. 发标	
		11. 答疑补遗（如有）	
		12. 回标	
		13. 开标	
		14. 评标	
		15. 清标（如有）	
		16. 定标	
		17. 直接委托申请	非招投标，招采平台操作
		18. 合同文本审批	——
		19. 合同小签审批	——
		20. 合同用印申请	——
阶段四	执行采购	付款审批	执行财务付款要求

立项阶段在经营计划执行环节已经介绍过，这里不再赘述。

4. 招采计划的铺排

在招采计划阶段，主要是制订公司的招采计划，招采计划完成后，方能操作后续的招标/直委流程（零星采购和电商采购不需要提报招采计划）。招采计划分为年度计划、月度计划（年度计划外新增）和特紧急计划（招采计划完成时间距上报时间在1个月以内的招采事项）三种（此三种不能重复），其中：

（1）下一年度的年度计划通常由业务需求部门在每年年末提报至财务成本部，提报次年1月生效。

（2）月度计划通常应于每月15日前提报至财务成本部，提报次月生效。

（3）特紧急计划通常由业务需求部门在立项后及时发起新增特紧急计划。

第二节　供方选择与入库

在招采操作阶段，应重点关注三个方面：供方选择与入库、招采方式与定标、标函分析。

供方选择是招采环节管理的重中之重，也是把控招采业务的源头，对于每项采购业务，企业都应制订详细、可行的入围标准，所有参与招标环节的供方（供应商）均应保持在同一水平线上，并具有可比性和竞争性。潜在入围供应商的经营范围应与招标项目特性匹配，严禁供应商超范围经营，同时应禁止关联单位参与同一标段的投标。应强化潜在入围供应商的责任意识，在招标环节与之签订《招标承诺书》，定标后，在合同环节与之签订《廉洁合作协议》，从而为企业遭受损失后的维权提供书面依据。

企业应根据全年招采计划，梳理现有合作名录内履约评估为合格及以上的供应商，从而制订全年的增补供应商开发计划。成立供应商评审小组，评审小组需要根据供应商开发计划的需求及时增补企业合作名录中的供应商。通常评审小组由财务成本部、业务使用部门共同组成，由财务成本部牵头，对需要增补的供应商进行资格预审、筛选和考察评估。

资格预审通常由评审小组依据资格预审文件，逐项复核待增补供应商提交资料的真实性、准确性和合法有效性，以确保优质供应商入围，资格预审文件包括许多种。表5-2为工程类资格预审文件评审表的举例说明，其他表格不再一一列举说明。

表5-2 工程类资格预审文件评审表

供应商名称：
供应品类（三级分类）：

评审项目		评审合格标准	供应商预审文件具体内容	评价意见
初步评审标准	申请人名称	与营业执照、资质证书一致		
	申请函签字盖章	法定代表人或其委托代理人签字或加盖公章		
	申请文件格式	符合"资格评审申请文件格式"		
详细评审标准	营业执照	合法有效的营业执照		
	资质等级	按类别填写资质要求		
	安全生产许可证	合法有效		
	企业信用等级	银行或专业机构颁发的AAA级信用企业		

续表

评审项目		评审合格标准	供应商预审文件具体内容	评价意见
详细评审标准	近三年平均年营业额	视标的金额大小，标准不同		
	财务表现	提供近三年第三方财务审计报告或者财务报表，证明其财务状况； 财务状况综合表现评价：较好、一般、较差		
详细评审标准	类似项目经验			
	拟派项目经理			
	不履行合同的历史	近三年内争端和诉讼已经全部按照该合同的争端解决机制解决，对申请人无新的上诉		
	悬而未决的诉讼	目前没有悬而未决的诉讼		
定性结论：通过资格预审文件审查标准　□ 　　　　　未通过资格预审文件审查标准　□				
对通过资格预审文件审查的供应商是否进行现场考察　是□　否□				

续表

评审项目	评审合格标准	供应商预审文件具体内容	评价意见
评审小组会签	评审日期		

注：评价意见一栏，依据评审合格标准对供应商预审文件进行"合格"与"不合格"评价。

第三节　招标采购方式与管理要点

通常根据采购事项的重要性，综合采购事项的紧急程度、采购效率等因素，将招标方式大致分为五种：零星采购、电商平台采购、直接委托、招投标和比价采购。

一、零星采购

对于单次采购金额不大且不频繁发生的物资采购，采用零星采购，即不必询价比较，由立项部门经办，财务成本部监管备案。

零星采购的需求可通过在线采购系统实现，原则上不得在其他渠道采购；线下采购优先从品牌库、单项库名录中选择供应商，优先采用先供货后付款的方式进行。但为了规避业务部门把原本应该比价或者招标的采购事项分拆多笔进行零星采购的情况发生，通常企业会规定同一业务在一个季度内只能发生固定次数零星采购（电商平台采购方式除外），多次发生且总金额在零星采购标准以上的，应通过比价或招投标的方式确定供方，并签订合同。

二、电商平台采购

电商平台采购，通常采购内容为企业日常所需的办公用品。这类用品使用量大、品类繁杂，在电商平台上质量基本都有保证、价格透明，因此可以通过线上购买满足企业需求。大型集团通常会与大型电商平台中的实力商家签订一揽子供货协议，约定在电商平台价格的基础上给予一定折扣，作为集团旗下所有企业的采购价格，从而实现采购效率高与采购性价比高的双重目的。

三、直接委托

直接委托，即指定某一潜在供应商作为某采购项目的供方，而该采购事宜按照标准本应采用比价或招投标方式进行的采购方式。由于直接委托的特殊性，其通常仅用于以下几种情况。

（1）因为特殊原因，需要在最短时间内立即完成某项目的采购。比如，企业设备因某零件损坏导致生产停滞，如按比价或招投标流程进行采购，会造成更大的损失，权衡利弊后，往往采用直接委托的采购方式。

（2）政府垄断和垄断经营类，无法进行比价或招投标采购。

（3）招采平台显示并经核实，符合入围条件的潜在供方仅一家。

（4）预招标结果显示，符合入围条件的潜在供方仅一家。

（5）涉密类、投资方（主创方）指定供方的业务。

直接委托通常需要成立直委小组，小组成员需要由财务成本部和相关业务部门中的三个及以上人员组成，直委小组需要与直接委托的供方进行谈判，争取价格的最大优惠，并形成谈判纪要。谈判纪要中需列明采购相关的标的明细、到货时间、供货价格等要素，作为签订采购合同和紧急供货的依据。

四、招投标

招投标是企业大额采购中最常采用的采购方式。招投标的采购方式通常组织严谨,管理得当,不易人为操纵,但缺点是参与人力较多且耗时较长。

1. 招标小组

招投标的工作应由招标小组牵头完成。招标小组组长通常由总经理担任;商务组组长通常由成本负责人担任,商务组成员由财务、成本、法务人员组成;技术组组长通常由业务部门负责人担任,技术组成员由业务部门、需求部门及其他相关人员组成。

商务组负责商务标的评审。商务标的载体是商务标书,商务标书是投标方针对招标工作中招标方提出的商务要求的回应以及投标报价。商务要求主要涉及对投标方的资质要求、售后服务、工程实施、培训、产品升级、付款方式、验收、产品质量保证、质保期、运输和保险等问题。投标报价是商务标的核心内容,是投标方根据自身情况,向招标方做出的价格实质响应。

技术组负责技术标的评审。技术标的载体是技术标书,技术标书指的是投标方对标书中技术方案设计的详细说明,一般包括需求分析、设计原则、技术标准及规范、系统功能说明、系统特点、选用软硬件产品详细说明及系统的升级和维护等内容,是从设计到施工一系列的完成投标工程的技术手段说明。

为了保证技术标评分的公平性,技术组通常由至少两个部门组成。与潜在入围的供应商有利害关系的人员应回避,不得担任上述招标小组的成员。当采购小组成员确定后,因特殊情况无法参与的小组成员,须授权胜任人员担任,并报采购小组组长批准;禁止未经授权的人员参加评审并发表意见;采购小组成员应独立行使职权、承担责任,禁止私下串通、人为操纵或代替打分。

2. 职责分工和评标办法

（1）职责分工主要体现在以下几方面。

①财务成本部：负责商务标文件、合同文件、标底的编制，负责招标范围、招标计划、评标办法、评标规则、报价清单、资审文件等的确定。

②业务部门：负责技术标文件的编制、修订与审核，明确业务需求、业务标准、资审标准等。

③招标小组组长：负责总体文件、招采过程的审核与把关。

④招标小组成员：负责招标文件的过程审核。

（2）评标办法，包括合理低价法和综合评分法。

①合理低价法，指的是在技术标评定合格的投标单位中，选择投标报价合理且价格最低的投标单位作为中标单位。

②综合评分法，指的是根据采购项目的特点，在技术标评分合格的单位中，进行技术标和商务标综合打分，技术标和商务标各按一定的权重进行综合评分，得分最高的投标单位作为中标单位。某企业评标办法见表5-3。

表5-3　××企业评标办法

评标办法	操作说明	技术标权重	适用范围
合理低价法	技术标符合性评审，合格的进入商务标评审，按商务标评审结果定标	—	工程施工类（除效果类）、维修更新改造类、工程材料设备类、运营材料设备类、检测试验类、卖品类、物料类、有机农业类、活动执行类（展会服务、小型美陈设计制作）、行政类、IT硬件类（桌面类）、IT软件类（系统软件类）等

续表

评标办法	操作说明	技术标权重	适用范围
综合评分法	第一阶段：开、评技术标，合格的（≥60分）进入第二阶段。第二阶段：开、评商务标，按综合评审结果定标	≤20%	特种设备类［乘骑设备、游乐设备、水乐园设备等（国产中小型）］
		≤40%	特种设备类［乘骑设备、游乐设备、水乐园设备等（进口、国产大型）］、特种工程类（除设备安装类）、人力资源类、财务类、法务类
		≤50%	咨询顾问类、IT软件类（除系统软件类）、IT服务类、方案策划类、广告类、公关类、活动执行类（除展会服务、小型美陈设计制作）、传统媒体类、新媒体类、沙盘软装类
		≤60%	规划设计类和创新业态设计服务类（不含概念设计、方案征集及深化设计）
		≤70%	规划设计类和创新业态设计服务类（深化设计）
		≤100%	规划设计类和创新业态设计服务类（概念设计、方案征集）

3. 执行要求

（1）弃标。若投标单位回复投标承诺函后未回标或主动放弃投标资格，应要求其出具正式的书面声明。无正当理由未回标或弃标的，缴纳的投标保证金不予退回。

（2）发标、答疑。为节约时间成本，通常不统一组织现场勘察，如确有疑问，应在招标文件中明确踏勘时间及地点，并由业务部门负责组织。投标单位收到招标文件后，如有疑问，应书面提交对招标文件的质疑，招标经办部门起草答疑文件，按照招标文件审批权限审批后，下发给所有投标单位。

（3）回标与标底编制。企业具备信息化条件的，应尽量通过线上平台在线回收投标文件，其中商务标和技术标应当分别回收。财务成本部应在最后一轮开标前完成标底的编制。标底，指的是企业组织专门人员为准备招标的采购事宜计算出的一个合理的基本价格，其编制应结合历史数据和现有市场行情制订。标底不等于工程或（和）设备的概（预）算，也不等于合同价格。标底是招标单位的绝密资料，不能向任何无关人员泄露。

（4）开标。开标指投标人提交投标文件后，招标人依据招标文件规定的时间和地点，开启投标人提交的投标文件，公开宣布投标人的名称、投标价格及其他主要内容的行为。每项业务开标前，技术标和商务标的成员均需充分理解各自评审范围内对应的招标文件的核心条款、评标办法、技术标评分指标及细则、商务标评审内容及细则、废标相关规定。开标前可由成本负责人再次对上述事项予以明确。

开标顺序应遵循"先开技术标，再开商务标"的原则。对招标文件中要求须送样评审的项目，技术标评委必须现场对样品进行评审、签字确认及封样，严禁在开标后变更评标办法。

若企业不具备信息化条件，或因特殊原因无法开展线上招投标，招标经办人应根据发标时间将盖印章的招标文件由企业邮箱统一发给所有入围单位且记录于发标登记表中，并根据回标截止时间前接收到的投标单位送达的投标文件，登记回标记录表，经办人不得接收邮件、微信、短信或口头等形式的回标。在开标过程中，也应遵守"先开技术标，再开商务标"的原则。所有技术标成员应现场在技术标开标记录表上签字确认后再进行技术标的开标与评标，完成评标后再将技术标评审资料移交商务组。对需要多轮回标的技术标，每轮回标均需密封回复，并在技术标开标记录表上签字确认。商务标开标，同样也需要所有商务标成员现场拆封商务标文件，并在商务标开标记录表上签字确认。对需要多轮回标的商务标，每轮回标均需密封回复，并在商务标开标记录表上签字确认。

4. 评标

评标是指企业招标小组依据招标文件规定的评标标准和方法对投标文件进行审查、评审和比较的行为。评标是招投标活动中十分重要的阶段，评标是否能真正做到公开、公平、公正，决定着整个招投标活动是否公平和公正。评标的质量决定着能否从众多投标竞争者中选出最能满足招标项目各项要求的中标者。

（1）技术标评标应注意以下风险点。招标小组成员均应独立评分，对技术标评分为不合格的评委需单独出具书面说明，评分结果不得对外透露，技术标得分一经确定，即使多次报价，也不得再行调整技术标评分。涉及样品评审的，应严格按照之前招标文件中公示的要求组织评审，不得随意增减评审项目，确保公平公正。对于技术标评审得分不合格的单位，立即淘汰，不再进入商务标的开标环节。技术标评审结果应由所有技术组人员签字确认。对技术标存在疑问的，应以清标问卷形式向所有投标单位提出质疑，并要求所有投标单位书面澄清并做二轮回标，问卷的内容应清晰明确，且经技术组成员及招标小组组长确认后方可发出。

（2）商务标评标在技术标评审完成后进行。商务标小组成员负责对商务标进行评审，并对商务标进行标函分析。标函分析，是指针对商务回标文件报价数据进行算数分析，复核投标报价品牌、参数等与招标文件的符合性，并与标底价格和参考价格进行对比分析，充分论证价格的合理性。

企业应重视标函分析工作，不应仅仅把标函分析流程化、数据化。通过标函分析的纵向对比，可以窥探投标企业的报价策略，便于日后更有效地制订招标策略。而通过标函分析的横向对比则可以发现招采过程中的诸多疑点，如通过对线上回标网址的搜索，发现回标来自同一IP地址，或对回标报价中细项的仔细比对，发现不同企业报价的异常趋势，这些异常趋势很可能就是围串标的重大疑点。

经标函分析发现不平衡报价、价格虚高、背离市场行情，或高于标底、预算导致不具备定标条件的，应以问卷或答辩的形式向投标单位提出质询，并视情况可以要求其进行二轮报价或重新招标。

5. 定标与废标

（1）定标，指的是根据评标结果产生中标人。招标经办人在完成整理、汇总评标过程文件和会议纪要等文件后，需要编制评标报告。评标报告是对技术评标、商务评标情况进行如实记录的说明文件，按照既定的定标原则出具推荐定标意见，多标段时应优先考虑总价最低的组合方案。

①合理低价法的定标：回标报价合理且在标底或预算以下的最低回标总价的投标单位，确定为中标单位。

②综合低价法的定标：回标报价合理且在标底或预算以下的所对应综合得分最高的投标单位，确定为中标单位。

（2）废标，指的是由下列原因导致的，招标采购单位做出的全部投标无效的处理。

①投标人以串通、冒名、弄虚作假等不正当手段参加投标的，以及投标文件内容出现关键信息缺失的。

②投标标书中出现两个及以上投标报价且未说明以哪个为准的；未按照规定的报价格式报价的；组成联合体投标的，投标文件未附联合体各方共同合作协议的。

③投标函、商务标上的印鉴与资质证书上的名称、名字不符，及投标人提供的有关资料、证书、证明等存在造假嫌疑的。

④不同意在投标总价不调增的原则下，仅针对计算错误、遗漏、未报价项目和不平衡报价进行修正的。

⑤投标文件不响应招标文件中实质性要求的。

废标后应重新发起招标流程。

五、比价采购

比价采购，是指选定三家以上具有相关资质的供应商，在收到报价后进行几次（一般两次）质量、市场占有率、口碑、价格的比较，最后选出性价比高的供应商的一种采购模式。

比价采购与招投标采购的原理大体相同，但比招投标采购的流程更简单、效率更高，通常用于货源充足、规格参数统一、价格变化不大，且项目金额超过零星采购但达不到招投标标准的采购。

比价采购的方式在回标、标底制作、评标方法、定标原则、废标原则等方面与招投标并无明显差异。

比价采购的方式与招投标采购的不同之处在于：前者是在选定的若干个供应商中招标，后者是向整个社会公开招标。除此以外，比价采购和招投标采购在原理上都是相同的，这里不再赘述。

第四节 合同、验收与结算

定标完成后，应及时向中标单位发放中标通知书，并与之签订和招标文件内容相符的合同，以明确双方的权利和义务。

一、合同文本的起草

合同文本的起草应尽量使用集团的合同范本，无范本的，可自行编制，但应经过财务、成本、法务的一致审批。合同是财务办理收付款业务的重要依据，合同签订后，应在规定时间内将合同文本交财务成本部存档。财务负责人应对合同中的风险进行全面把控，规避财务风险，并注意以下要点。

（1）支出类合同的定标审批单、直接委托审批是否已审批完毕，审批意见是否已落实，是否附有结算单。

（2）经办人是否按照流程要求完成了合同签订之前的所有业务流程，包括立项流程、定标流程，合同的标的和标的参数是否与定标文件一致，合同的金额是否小于立项金额且在预算范围内。

（3）法务参与审核经济合同的，其意见是否得到落实。

（4）合同的关键条款包括但不限于：合同起止时间和合同期限、对方结算账号与名称、合同金额（价税分离）、发票类型、担保方式、付款条件、验收标准、质保条款及违约责任，是否与业务实质相符，且与招标文件或直接委托审批的内容一致。

（5）付款方式是否与企业制度要求一致，比如：预付款比例不超制度规定或有经过审批的超制度规定的情况说明；付款前需对方先行提供发票；有质保金条款则需对方先提供全额发票；对方变更法人主体或账号需提供工商证明等。

财务成本部在接收合同盖章文件时，应要求经办人提供完整的合同审批意见及前述的各类附件，以方便查阅。同时，也应关注印章的加盖，包括公章和法人章是否为中标单位，是否有对应的企业用印流程，骑缝章是否每页均有印痕，等等。

在接收了合同原件并存档后，财务成本部还应登记合同台账，并在每次完成付款后，逐笔登记支付情况，并定期与付款经办部门进行核对，以确保款项有序支付，规避错付风险。

二、验收

企业需建立事中、事后的联合验收机制，确保合同中约定的履约行为不折不扣、保质保量、安全稳妥落地。

（1）供应商交付的服务或工程，无论金额大小，都必须办理验收手续。凡签署采购合同的，须在合同文本中明确验收内容、验收标准、整改清单，以及联合履约评估等内容，明确履约评估办法、违约责任和扣罚细则等。

（2）原则上，合同验收由业务需求部门牵头组织，其他部门积极配合落实，如采购标的物涉及多个需求部门或公司的，由采购立项金额最大的部门组织验收。此外，所有合同验收必须签确书面验收记录及整改清单。

（3）履约项目完结后，须在合同约定的时限内按标准进行验收，同时对不符合合同约定的部分进行现场整改，并记录于供应商履约评估表中。

通过联合验收机制的实施，可以有效评估供方本次的履约情况，并将履约的过程和结果作为结算付款的依据，同时也可以评估是否与该供方继续合作。现场验收标准和部门分工，以及供应商履约评估表分别见表5-4、表5-5。

表5-4 现场验收和部门分工

序号	合同类别	参与频次	参与部门
1	服务外包（保安、保洁、劳务派遣、小时工、演员团签、垃圾清运、清掏服务、绿植养护、绿植租摆、四害消杀、空气净化等）	1次/月（不定期）	业务需求部门、财务成本部、人力行政部
2	营销全案类，方案策划类，平面设计类，公关服务类，调研咨询类，微信、微博及旗舰店运维服务类	1次/月（不定期）	市场营销部、财务成本部

续表

序号	合同类别	参与频次	参与部门
3	传统媒体类	不定期	市场营销部、财务成本部
4	新媒体类	不定期	市场营销部、财务成本部
5	活动执行类（含舞台、灯光、音响、道具租赁及搭建等）	活动执行期间，不少于2次	业务需求部门、安全品质部、财务成本部、工程物业部
6	美陈布置类	活动执行期间，不少于2次	业务需求部门、安全品质部、财务成本部、工程物业部
7	维护保养类（电梯、空调、燃气报警器、特种设备、弱电系统、消防系统、智能化平台、水处理设施等）	常规定期维保类：1次/月 临时短期维保类：不定项抽检	业务需求部门、财务成本部、工程物业部
8	检测试验类（高低压检测、防雷检测、消防电气检测、燃气管道检测、阀门压力检测、工器具类检测等）	常规定期检测类：1次/月 临时短期检测类：不定项抽检	业务需求部门、财务成本部

续表

序号	合同类别	参与频次	参与部门
9	工程改造类	工程期间：不少于1次	业务需求部门、财务成本部
		工程结束后：联合验收	业务需求部门、财务成本部、安全品质部、工程物业部
10	物料类	物料到货后	业务需求部门、财务成本部、安全品质部

表5-5 供应商履约评估表

编号	评价内容	评价细则	评价执行部门
1	服务进度管理	（1）是否按照合同约定日期进场； （2）是否在限期内提供整改； （3）是否在限期内提供服务或完工； （4）是否在限期内完成验收	业务需求部门
2	服务过程质量	（1）是否按规范或行业标准履行服务程序； （2）是否积极主动配合我方进行调整或整改； （3）是否主动配合我方进行验收	业务需求部门

续表

编号	评价内容	评价细则	评价执行部门
3	资源配备管理	（1）是否按合同约定提供专业人员，专业人员资质真实并按要求进行考勤登记； （2）是否按合同约定提供物资，并提供物资清单； （3）是否按要求进行物资调换	业务需求部门
4	安保管理	（1）是否按标准程序制订施工方案并按方案执行； （2）是否按照运营安全标准制订有效的安全管理措施； （3）是否文明用工、安全用工； （4）是否主动配合完成施工或安全隐患整改	业务需求部门、安全品质部
5	服务成果	（1）服务成果是否满足国家、行业相关规范； （2）技术或服务对接是否及时，整改是否到位； （3）是否有效提出解决预案	业务需求部门、技术部门
6	服务人员综合素质	（1）是否按照合同约定提供符合年龄、资质等要求的人员； （2）是否按照乐园运营要求提供标准服务； （3）是否按照要求建立健康管理档案，并按照排班进行考勤登记； （4）是否主动配合招标单位进行服务人员的增减，并服从招标单位的管理	业务需求部门

续表

编号	评价内容	评价细则	评价执行部门
7	付款管理	（1）付款及验收资料是否真实、齐全； （2）付款时限是否符合合同约定； （3）是否存在不合理催付的行为； （4）是否存在以货款拖欠为由，不予结算服务人员工资的行为	财务成本部
8	过程成本管理	（1）是否按合同约定的规格、材质提供物料或服务； （2）是否按要求履行合同清单变更手续； （3）是否按要求进行合同增补手续	财务成本部
9	结算管理	（1）是否提供真实、完整的验收结算材料； （2）是否提供完整、齐全的审批手续	财务成本部

三、变更与结算

在履约的过程中，特别是工程类、营销类、IT类的业务，经常会由于业务的需要发生与原合同约定不符或金额发生变化等事项，因此需要对合同进行相应的变更。合同变更的审核要点见表5-6。

表5-6 合同变更的审核要点

审批文件	责任部门	审核依据	审核要点
变更审批单	业务需求部门	合同、图纸、立项审批	变更的合理性、费用估算及出处
造价确认单	财务成本部	合同、变更审批、验收记录、现场实施记录等	实施及验收情况、计量计价依据等

所有变更项实施前，业务需求部门均需将变更审批单及相关资料发给财务成本部审核并估价，并根据价格明细和供应商的报价单，发起变更审批流程。完成审批后方可执行，禁止出现非紧急因素的先变更后审批的情况。

业务需求部门在完成合同变更手续后，需要在规定时间内完成变更实施情况的确认，凡涉及隐蔽施工工程的，事中需组织相关部门进行现场实测、验收和确认，事后需组织现场竣工验收，逐一对工程量进行复核，在对应验收文件中明确验收结论，并进行造价确认，完成合同造价确认书的签批。待合同全部完结后，履行合同结算手续，完成合同结算审批表。

企业需定期或不定期地组织专人或聘请第三方专业机构对合同造价和结算审批情况进行抽检，针对发现的问题应制订相应的管理办法予以处置。

第六章　销售收入风险管理
——夯实企业的"饮水源"

第一节　销售管理的风险

完成销售是企业实现生产价值、资本回报、生存发展的最主要途径。大多数企业都将销售视作重中之重，这种重要性既体现在资金的投入上，如市场推广的开展、分销渠道的铺设、销售人才的培养，也体现在产品的投入上，如不断研发好的产品、塑造产品口碑、打造良好的企业形象等。企业的上述投入都是为了实现拓展市场、提升销量的目标。正因为大量财力、人力的投入，并涉及"货"与"钱"的循环，使得销售与招采一样，风险点较多，风险管理难度较大，需要企业财务成本管理者予以高度重视。财务成本管理者应牵头全面梳理销售业务流程，完善销售业务相关管理制度，确定适当的销售政策和策略，明确销售、信用、回款等环节的审批职责和审批权限，并监督执行。

《企业内部控制应用指引第9号文件——销售业务》中讲到，销售是指"企业出售商品（或提供劳务）及收取款项等相关活动"。该文件还指出，企业销售业务应当关注以下风险点。

（一）销售政策和策略不当，市场预测不准确，销售渠道管理不当等，可能导致销售不畅、库存积压、经营难以为继。

（二）客户信用管理不到位，结算方式选择不当，账款回收不力等，可能导致销售款项不能收回或遭受欺诈。

（三）销售过程存在舞弊行为，可能导致企业利益受损。

第二节 销售政策与复盘

通过对第四章"经营计划风险管理——完成指标的'跟踪器'"的学习，大家已经了解到，经营计划中预算部分的起点是销售预测，包括后续所有的生产计划、销售铺排、采购安排都是以市场、销售的预测为起点。因此，财务成本管理者应当牵头相关部门关注市场调研，结合企业的自身情况预测销售收入，合理确定定价机制和信用方式，根据市场变化适时提醒营销部门调整销售政策，灵活运用销售折扣、销售折让、渠道分销代销、广告宣传和市场活动等多种策略和营销方式，促进销售目标的实现，不断提高市场占有率。

销售政策应包括年度基础价格政策和临时补充价格政策，并涵盖特定情况下的折扣、折让申请权限。下一年度的年度基础价格政策通常应该根据预测的市场行情和下一年度营销大纲中营销活动和广告宣传的铺排，与下一年年度经营计划同步开始编制，并在当年年底前完成编制和报审。

临时补充价格政策则是在年度基础价格政策的基础上，针对市场环境变化、重大临时性活动、抢占市场份额的计划而制订的，包括适用范围、适用渠道、折扣折让力度，适用期间等。此类价格政策通常具有较强的时效性，因此申报和审批需要及时高效。折扣、折让力度需建立分层授权机制，否则决策效率低下，容易丧失市场良机。但针对临时补充价格政策应建立复盘机制，即在政策申请时需要营销部门提出实施该项临时价格政策所要达成的目标，并在申请该项政策时一并列示，在该项临时价格政策实施完成后的规定时间内，由财务和营销共同完成该项临时价格政策实施的复盘报告，即对政策实施效果进行充分评估，对相关申请负责人进行相应的绩效考评。财务成本管理者应帮助企业所有营销、经营部门树立责任意识，建立复盘机制，强化业绩考评，从而最大限度地避免销售政策申请随意，或价格过低损害企业整体收入，甚至可能避免经营部门出现利益输送的情况。

第三节 授信与应收账款管理

一、授信

授信，原指金融机构给客户授予的信用额度，在企业的经济活动中，往往指企业授予客户赊销的额度和周期。增加信用销售通常可以有效提升销售收入。在现代商业体系中，大宗交易通常都有账期，因此授信前需要充分了解客户的资信，以降低款项无法回收的风险。

企业在订立合同前，应当关注客户的信用情况，重大的销售谈判应该由营销、财务、法务共同完成，形成完整的谈判记录，并不断完善客户信用档案，关注重要客户的资信变化，采取有效措施，防范授信风险。客户资信管理的基础信息收集工作通常由营销部门完成，收集完成后交财务成本部进行综合评估。客户信息档案包括但不限于以下几项。

（1）客户基础资料：客户最基本的原始资料，包括客户名称、地址、电话、所有者、经营管理者、法人代表、与本公司交往的时间和业务种类等。

（2）客户特征：主要包括客户的市场区域、销售能力、发展潜力、经营观念、经营方向、经营政策和经营特点等。

（3）业务状况：主要包括客户的销售业绩、市场份额、市场竞争力与市场地位、与竞争者的关系，以及与本公司的业务关系和合作情况。

（4）交易现状：主要包括客户的销售活动现状、存在的问题、公司战略、未来展望、市场形象、声誉、财务状况和信用状况等。

客户的信息资料应在与相关客户的交往中随时更新、汇总并定期予以补充完善，应由财务成本部牵头，与营销部门、总经理根据上述基础资料对客户的资信进行综合评判，然后确定该客户的信用额度。

通常，信用额度的确认周期如下。新客户：在第一次交易发生时进行确认。老客户：以一年为一个周期对其信用额度进行调整。

此外，客户的信息资料为公司的重要档案，经办人员须妥善保管，确保不遗失。如公司相关岗位出现人员调整和离职时，需将该资料的移交作为工作交接的主要部分，凡资料交接不清的，不应为其办理离岗、离职手续。

二、应收账款管理

应收账款，是指企业在正常的经营过程中因销售商品、提供劳务等，基于信用额度，产生应向购买单位收取但还未收取的款项，包括应由购买单位或接受劳务单位负担的税金、代购买方垫付的包装费和运杂费等。此外，在有销售折扣的情况下，企业还应考虑商业折扣和现金折扣等因素。应收账款管理的目的是避免坏账风险，提高资金的安全性，同时便于业务部门开展营销工作。

（1）应收账款的管理部门为公司的财务成本部和业务经办部门。各项应收账款应实行"谁经办、谁催收、谁负责"的办法，落实责任部门和责任人。应当杜绝应收账款无人知晓、无人负责，让对方长期无偿占用的行为，防止应收账款的催收期超过诉讼时效。对催收无效的逾期应收账款应通过法律程序予以解决。应收账款的催收记录（包括往来函电）是对客户进行信用评价及诉讼的依据，应妥善保存。

（2）经办部门和经办人应定期（每季度至少一次）或不定期地与客户核对，取得客户签章的对账单。

（3）应建立应收账款的交接制度，落实收款责任。业务人员调换岗位或离职时，必须对本人所经手的应收账款进行交接。未完成交接的，不得离岗；交接不清的，由交出者负全责；交接清楚的，由接替者负全责。在交接不清的情况下换岗或离职，致使公司遭受损失的，该业务人员尚未发放的工资、补贴及销售提成等均不得向其支付。若以上款项尚不足以赔偿该损失的，还应向该业务人员追偿。业务人员相互交接时，应及时与未结清款项的客户核对账单，遇有疑问或账目不清时应立即向主管领导反映。业务人员离职前须把经手的已到期的应收账款全部收回或取得客户付款承诺函，否则不予其办理离职手续。

（4）财务成本部应履行应收账款监控职责，具体有以下几点。

①财务成本部每日下班前应复核当日的赊销情况，及时对已回款的赊销进行登账，并定期通过函证等方式，对客户的应收账款、应收票据、其他应收款等进行核对。

②财务成本部应指定专人对月结客户进行对账、催款，确保月结客户按合同规定时间付款。

③财务成本部应于每月月初出具一份尚未收款的应收账款账龄明细表，交给业务部门去催收到期款。

④财务成本部应在公司内部定期召开信贷会，将应收账款的清理作为一项重要的议题，梳理欠款未收回原因和提出解决办法。

⑤业务部门签订合同的应收账款必须在合同约定的时间内回款方可参与提成。对于逾期未收回款项，需建立相应的考核机制。表6-1是某企业应收账款的管理要求。

表6-1　××企业应收账款的管理要求

序号	项目	要求
1	授信前提	原则上不允许赊销，如赊销需进行资质认定并经审核后签署合同
2	资信额度	不得超资信额度或账期

续表

序号	项目	要求
3	催款责任	经办人
4	监督	（1）财务成本部于每月5日前上报应收账款账龄明细表； （2）单笔超期1个月以上且金额大于2万元的，须将催收方案、时间节点、责任人处理方案按规定上报总经理
5	考核	（1）账龄超期30日（含）以内，该笔欠款30%不可提成； （2）账龄超期30~45日（含），该笔欠款50%不可提成； （3）账龄超期45~90日（含），该笔欠款100%不可提成； （4）账龄超期90~180日（含），该笔欠款120%不可提成

企业应安排业务人员定期或不定期地对授信客户进行访问。在访问客户时，如发现客户存在资金紧张、人事动荡、经营状况恶化、公司濒临解散等异常现象，应建立款项回收风险汇报机制和渠道，并积极采取各项应对措施。若积极采取各项应对措施后，仍无法避免坏账产生的，应按照坏账核销规范上报坏账核销申请。坏账核销的类型既包括应收账款，也包括与应收账款性质类似的预付账款和其他应收款。表6-2所示是坏账核销的往来款类型。

表6-2　坏账核销的往来款类型

类型	会计科目	备注
销售业务产生的应收款	应收账款	按合同执行
预付的工程款及货款	预付账款	及时取得发票冲销
支付的押金及保证金	其他应收款	房屋及机器设备的押金除外，但应每年对账

坏账核销申请需要充分说明核销坏账的类型及账龄，坏账产生的原因，责任人及催收情况，核销此坏账对本年度净利润的影响，对坏账的处理及对责任人的处罚情况，以及后续追踪情况等。若因业务人员疏于对客户进行访问（未按照公司规定的次数按期访问客户，或访问过却没有形成书面记录），未能及时掌握客户情况，致使公司蒙受坏账损失，应由业务人员赔偿该损失，赔偿金额通常应在公司财务制度中予以明确。对已核销的坏账，经办人和财务成本部也必须定期进行跟踪。

第四节　销售业务的风险管理

不同行业中企业的销售流程不尽相同，风险的管理要点也不同，但面临的风险确有共同之处。企业应对合同、发货、台账、收款等重要销售环节加强管理。

（1）销售合同应明确双方的权责利，应由财务成本管理者牵头，法务部门严格审核合同草案，规避合同风险。

（2）营销部门应该按照已经批准的销售合同，开具相关销售通知，发货和仓储部门应对销售通知进行审核，严格按照销售通知所列项目组织发货，确保货运安全。企业应加强销售退回管理，分析销售退回原因，及时妥善处理。

（3）财务成本部和营销部门均应做好销售业务环节的记录，实行全流程的台账管理，并定期核对。

（4）企业应当设置售后服务部，完善客户服务流程，加强对客户的管理和追踪，不断提升客户满意度，及时反馈产品或服务中存在的问题。

（5）企业应不断提高信息化水平和信息覆盖面，通过信息系统加强销售流程各环节的管理，杜绝"跑冒滴漏"、低价串销等损害企业利益的行为。

（6）财务成本部应提升财务人员的经营分析水准，并对数据化营销成果进行定期复盘和分析，从数据的逆向趋势、错误逻辑中寻找可能存在的问题。同时，还应着力提升财务人员对业务和信息化的了解。只有财务人员充分了解业务逻辑和信息化管理逻辑，才能够卡住内控的关键节点，并将业务成果在报表层面及时、准确、完整地展现。

第七章 资金风险管理
——管好企业的"生命线"

第一节 资金管理的风险

资金,是企业正常运转的命脉,管理好资金就是管理好企业的生命线。很多企业最后破产倒闭,并不是因为项目不好或亏损严重,而是因为资金链断裂。因此,管理好企业的资金,提升资金使用效率,强化资金过程管理,充分发挥资金的价值,是企业的头等大事。资金包括现金、银行存款及其他货币资金。确保货币资金安全是财务工作的首要职责,财务负责人是货币资金安全的第一责任人,应在公司内部树立所有员工都有责任制止影响货币资金安全的行为意识。

《企业内部控制应用指引第6号——资金活动》中讲到,资金活动是指"企业筹资、投资和资金营运等活动的总称"。该文件指出,企业资金活动至少应当关注以下风险。

(一)筹资决策不当,引发资本结构不合理或无效融资,可能导致企业筹资成本过高或债务危机。

(二)投资决策失误,引发盲目扩张或丧失发展机遇,可能导致资金链断裂或资金使用效益低下。

(三)资金调度不合理、营运不畅,可能导致企业陷入财务困境或资金冗余。

(四)资金活动管控不严,可能导致资金被挪用、侵占、抽逃或遭受欺诈。

第四条针对的是资金营运方面的风险。资金营运的对象包括现金业务和银行业务，管理的总体原则如下。

（1）资金支付必须严格执行授权审批和三级审批制度。出纳应检查付款审批是否合规，内容填写是否完整，附件是否齐全，原始凭证是否合法、真实，是否符合逻辑、符合合同规定。严禁在未履行审批手续、审批手续不全及违规拆分额度规避审批的情况下办理款项支付。

（2）货币资金管理应严格执行"不相容职责分离"的基本内控原则，不得由同一人办理货币资金相关业务全过程。

（3）货币资金管理应做到安全管理、日清月结、及时登账、定期和不定期盘点，确保账实相符，银行余额表不能存在未达账项。

第二节 现金业务管理

现金收支是企业管理相对敏感的区域，在银行结算管理中也有明确的规定，即"四规定、六不准"：四规定，即当日送存、不得坐支、提现写明用途、特殊情况申请审核；六不准，即不准白条抵库、不准谎报用途、不准代人存取、不准私人存储、不准保留账外公款、不准私设小金库。

一、现金库存管理

（1）公司应设立库存现金限额，如遇特殊情况库存现金超过规定的限额时，需逐级上报原因，上报流程由财务成本部发起，报批后方可超过限额。

（2）出纳每日要将收到的现金缴存银行，不得坐支现金、以收抵支。

（3）公司应明确大额现金的界限，款项的提取和缴存超过规定金额的，为确保安全，需安保部派人同往。

二、现金提取

（1）需要从银行提取现金时，出纳应根据已审批未报销的报销单据、借款审批单等编制现金需求明细表，填写提款申请单，经会计复核并经财务负责人签字确认后方可办理。

（2）出纳根据提款申请单填写现金支票，加盖法人印章，经会计复核后由财务负责人加盖财务专用章后办理提现。财务负责人加盖财务专用章时，应在现金支票存根上签字。

三、现金收款

（1）出纳收取的现金应在当天送存银行。

（2）出纳办理收款应坚持当面点清原则，点清现金后由出纳填写现金收据，现金收据应由交款人、出纳及会计签字，并加盖财务专用章。交款联交由交款人作为缴款依据，记账联作为凭证附件由会计编制会计凭证。

（3）收到现金之后，出纳应在现金收据等单据上加盖现金收讫章。

四、现金付款

（1）现金支付应符合相关法律法规规定的范围。不符合现金支付范围且金额大于1000元的业务不得使用现金报销。

（2）现金支付应由经办人亲自领款，不得由其他人代领。领款后，经办人应在单据上签字并加注领款日期。

（3）支付现金之后，出纳应在报销单、请款单、发票等单据上加盖现金付讫章。

五、现金借款

（1）借款必须履行借款审批手续。同一业务性质借款（含为解决同一业务问题借给多个不同经办人）不得以拆分形式规避审批。

（2）现金借款必须明确借款用途。若借款用途为差旅费、招待费，应提供出差审批、招待费审批。

（3）严禁以个人现金借款形式规避业务审批。

（4）不得向编制外员工及非本公司员工借款，借款人、还款人、使用人必须为同一人。

（5）现金借款应在业务完成后五个工作日内办理还款或报销手续。业务完成的标志为业务完成后获取的票据上记载的日期。

（6）财务成本部应于每月月底清理个人借款。逾期未偿还的，借款人应书面提出合理说明，说清原因及预计归还时间，按借款审批流程报至公司总经理批准后交财务成本部留存。否则，财务成本部应通知人力资源行政部从其应发工资中扣除相应欠款。

（7）财务成本部应于每年年底彻底清理个人借款，财务账面所有个人借款余额应全部清零，如有个人需借款，应于次年重新办理。

（8）对于无故在一个会计年度内累计发生两次未按时报销或还款的员工，当年内不得再为其办理借款业务；确需借款的，由其直接领导办理。

六、现金盘点

（1）出纳每日上班前或下班后要盘点库存现金，并与当日的日记账核对，发现金额不符要逐笔核对。

（2）财务负责人应每月不定期抽盘现金，并根据盘点结果填报现金盘点表，再由财务负责人签字确认。

第三节 银行业务管理

银行业务相对于企业现金业务来说，因为金融载体的存在，风险相对较小，不过在第三方现代化支付手段越来越多的今天，重视银行业务的规范操作，依然是防范资金运营风险的重要环节。

一、账户管理

（1）公司银行账户的开立、变更和销户都需逐级报批，审批通过后方可办理。

（2）对临时性、长期不用的账户应及时清理、撤销。

（3）严禁将公司账户出租、出借给他人，以免发生法律纠纷。

（4）开通网银查询功能需逐级报批，审批通过后方可办理。在网银权限设置方面需严格遵循三级复核原则，严禁一人掌握所有支付权限。

二、支票管理

（1）出纳应根据开户银行分别建立支票购买登记簿和支票领用登记簿，对支票的购买、领用进行登记。

（2）支票由出纳购买并负责保管；支票应存放在保险柜中，不得提前加盖印鉴章。

（3）购买支票时，应填写银行单据，然后上报财务负责人审核并盖章。购入支票后，在支票购买登记簿上进行登记，并由财务负责人签字确认。

（4）领用支票时应在支票领用登记簿上对领用日期、支票号码、收款单位、用途、金额进行登记，并由领用人签字确认。

（5）作废支票需与存根一起附在下一张支票的记账凭证后保存，同时将作废支票右上角的支票号剪切，粘贴于支票领用登记簿上，并在备注栏写明作废。

（6）会计复核人员应在购入支票使用完毕后审核支票领用登记簿，并在当日将审核后的支票领用登记簿转交财务成本部档案室存档。

三、支票付款

（1）出纳审核付款审批单据并确认无误后填开支票，并加盖法人代表章，经会计复核无误并签字后由财务负责人加盖财务专用章。

（2）填开支票并加盖财务专用章后，出纳应在付款审批单及发票上加盖银行付讫章。

（3）支票领取人在支票领用登记簿上签字确认后方可领取支票。如果支票领取人为外部单位人员，应由本公司经办人员同时在支票登记簿上签字确认。

（4）出纳应在支付支票后立即将付款审批单据及支票存根转交会计记账。

（5）填开空白抬头支票应经财务负责人批准，并采取妥善措施保障公司资金安全。

（6）银行本票、银行汇票比照企业支票管理办法进行管理。

四、电汇付款

（1）出纳审核付款审批单据并确认无误后填开银行结算申请书，并加盖法人代表章，会计复核无误后在银行结算申请书上签字或盖章，再由财务负责人审核后加盖财务专用章。

（2）填开支票并由财务负责人加盖财务专用章后，由出纳在付款审批单及发票上加盖银行付讫章。

（3）出纳将银行结算申请书送交银行办理付款后应立即登记银行日记账，并将盖章后的银行结算申请书转交会计，会计据此编制记账凭证。

（4）出纳办理付款后应立即将付款情况反馈给业务经办人。

（5）出纳应每日检查网银有无自动划款，在检查中如果发现存在自动划款的情况，应立即告知相关经办人，并要求经办人在划款后五个工作日内办理审批手续，确保所有付款有审批手续。

五、银行收款

（1）出纳应每日查看公司网上银行的交易和余额变动情况。如果存在进账情况，出纳应核实付款人名称及款项用途，并取回回单交由会计入账。

（2）出纳收到代收代付款项（员工公积金转入等），应取回银行回单，并由经办人提供说明后交由会计入账。

（3）出纳收到门票预收款、押金等，入账时需附有银行回单，以及业务部门负责人签字的收款通知单。对于每一笔银行错误收款，经过审批后应逐笔原路退回。

（4）对收到的POS机的刷卡收入，出纳应核对所有收银点位交予稽核的刷卡明细及当日结算单，要确保扣除手续费后的金额能全部入账。

六、银行对账

（1）出纳应在每月结算后的三个工作日内取得加盖银行印章的银行对账单。

（2）会计根据银行对账单编制银行存款余额调节表，无论当月是否有余额或发生额都应在调节表上反映。银行存款余额调节表应根据资金序时账及银行对账单逐笔编制，对于未达账项应查明并注明原因，原则上于三十天内清理完毕。

（3）银行存款余额调节表编制完成后须由财务负责人审核签字，银行存款余额调节表应与银行对账单一起按月存档，年底装订成册保管。

第四节 资金计划与融资管理

一、资金计划

资金计划，是指各公司主体根据未来一定时期内的经营、投资、筹资等安排，预计一定时期内的货币资金的收支状况，并进行货币资金综合平衡的计划。它是资金统筹价值和资金使用效率提升的有效工具，资金的综合平衡可以提升企业在金融谈判中的话语权，从而加强对运营资金的计划管理，可以提升企业防范资金风险的能力，也可以提高资金的使用效率，避免资金过分冗余而导致财物损失。

资金计划的管理原则：资金计划应由集团层面的财务成本部（以下简称"集团财务"）统一管理，各下属企业均需依据集团规定的编制和报送要求，结合自身的实际情况，定期出具资金计划，提前预警资金缺口，合理规划沉淀资金，确保现金流平衡，并及时进行资金计划偏差原因分析，不断提升资金计划的准确性。资金计划还需要充分考虑投融资，将资金在运营、投资、融资方面的综合情况考虑进去，并务求计划的准确性。

资金调拨应由集团财务统一管理，股权关系在集团所属范围内的各下属企业，均应按照制度要求完成资金的上收下拨，以优化资源配置，发挥资金规模效应，提升资金收益率。资金调拨应平衡好集团资金集中使用和地方资金使用效率、使用价值两个维度的因素，既方便集中力量办大事，也能很好地调动地方财务资金管理和资金价值变现的积极性。具体的资金计划管理要点如下。

（1）未使用资金系统的集团，应于每月初要求各下属公司统一上报所有管辖范围内公司的上月资金计划实际数、偏差分析及滚动更新至年底的月度资金计划数，经集团财务审批后，各下属企业应严格按计划执行。使用资金系统的集团，应要求各上线资金系统的下属企业每月初统一通过资金系统上报所有管辖范围内公司上月的资金计划偏差分析和滚动更新至年底的月度资金计划数，经集团财务审批后，系统自动根据各公司上报的当月资金计划额度进行联动下拨，超出资金计划额度的，需在系统内依据流程提交追加当月资金预算的申请。

（2）集团应制订好资金调拨管理的相关要求，包括资金上存和资金下拨两个方面；应制订合理的资金上存额度，即达到什么条件、需要上存多少资金至集团，下属企业内部留存多少资金用于运营周转。集团可以牵头下属企业与银行签订资金池协议，签订完成后，所有账户会根据集团制订的资金调拨规则进行资金的上存。上存与下拨的界限需要充分考虑总部和地方、统筹和效率、集权与分权等不同维度,力求平衡,以使资金价值最大化。资金的下拨,可以采取收支两条线,并依据集团财务关于下拨的有关规定,统一开立银行支出户,实现支出户零余额管理,并依据月度资金计划进行付款。额度范围内的资金逐笔实时联动下拨;超出月度资金计划额度的资金需单独向集团另行申请。

(3)应建立资金业务考核评价标准。资金计划的编制不是仅财务成本部一个部门所能够完成的工作,需要所有涉及资金使用的业务部门共同参与,提前规划,才能够确保资金计划的准确性和指导性。因此,集团应针对资金计划的编制质量建立逐级考评机制,即集团应反馈各下属企业上月的资金日报及资金计划质量,并将少报、迟报、错报、偏差率等情况在财务体系内通报,而且应纳入财务工作考核统计。地方企业财务成本部应对各个业务部门上报的本部门资金计划进行考核,并将遗漏、错报纳入各个业务部门的工作绩效考核中。此外,对于上存到集团的资金,集团应给予相应的考核评价,可以按照一定比例体现在利润指标的完成上,也可以给予地方财务团队考核加分。

二、融资管理

融资管理既是对资金计划中资金不足部分的有效补充,也是企业预防资金风险的有效屏障。企业应在财务成本部内设立专项小组,不断夯实融资基础,降低融资成本,拓宽融资渠道,以为企业发展奠定坚实的资金基础。

集团应定期组织融审会,审定下属企业的融资申请项目,审核的重点应包括款项用途、融资额度、融资期限、融资成本、抵押物、担保主体、融资形式等要点,主要目的是确保能够以合适的融资成本、合理的融资期限,以及与融资额度相匹配的抵押物实现资金筹措,并满足资金使用需求。融审会应对融资方案进行科学论证,各下属企业不得依据未经论证的融资方案进行筹资。个别大额融资方案应当形成可行性报告,全面反映风险评估情况,也可以根据需要,聘请具有相应资质的专业机构进行可行性研究。

企业应根据资金计划和年度预算,确定融资目标和实现规划,拟订融资方案,明确筹资用途、规模、结构和方式等相关内容,要对融资成本和潜在风险做出充分估计。如果涉及境外融资还应考虑所在地的政治、经济、法律、市场等因素。企业应根据审批的融资方案,严格按照权限和方案进行融资。银行借款或发行债券应重点关注利率风险、融资风险、偿还能力及公司控制权等问题。企业通过银行借款方式筹资的,应当与有关金融机构进行洽谈,内容包括借款规模、利率、期限、担保、还款安排、相关权利义务和违约责任等内容。双方达成一致意见后签署借款合同,并据此办理借款业务手续。企业通过发行债券方式融资的,应当合理选择债券种类,对还本付息方案做出系统性合理安排,确保按期、足额偿还到期本金和利息。如果企业通过发行股票融资,应重点考虑发行风险、市场风险、政策风险及公司控制权风险。企业通过发行股票方式融资的,应当按照《中华人民共和国证券法》(以下简称《证券法》)等法律法规和证券监管部门的规定,优化企业组织架构,进行业务整并,并选择具备相应资质的中介机构做好第三方鉴证和服务工作,确保符合股票发行的条件和要求。

企业应当严格按照融资方案确定的资金用途使用筹集到的资金。融资用于投资的,应按照国家和企业的相关制度,防范和控制资金使用风险。由于市场环境变化等确需改变资金用途的,应当履行相应的审批程序,严禁擅自改变资金用途。

企业应当加强债务偿还和股利支付环节的管理,对本息偿还和股利支付等做出适当安排。企业应当按照融资方案或合同约定的本金、利率、期限、汇率及币种,准确计算应付利息,与债权人核对无误后按时支付。同时,企业应当加强融资业务的财务系统控制,建立融资业务的记录、凭证、账簿，按照国家统一的会计准则，正确核算和监督资金筹集、本息偿还、股利支付等相关业务，妥善保管筹资合同或协议、收款凭证、入库凭证等资料，定期与资金方进行账务核对，确保融资活动符合融资方案。

企业还应维护好企业的征信记录，保持良好的信用形象，在经营过程中合法合规经营，避免因违法违规被行政处罚，影响企业信用。财务负责人应与金融机构建立良好的合作关系，搭建优良的融资平台，合理展示企业的经营状况，以使企业在融资过程中处于有利地位，从而争取规模合理、抵押合理、成本低廉、周期适中的融资条件。在融资后的检查过程中，企业应向资金提供方提供准确、完整、真实的企业经营数据，建立良性互动的银企关系。同时，财务成本管理者还应该不断加强与非银行金融机构的沟通，不断拓展融资边界，学习最新金融政策，不断创新融资形式，以备不时之需。

第五节　第三方支付的管理

第三方支付是指具备一定实力和信誉保障的独立机构，采用与各大银行签约的方式，通过与银行支付结算系统接口对接而促成交易双方进行交易的网络支付模式。简单地说，它就是在买家和卖家之间建立的一个中立的支付平台，为买卖双方提供资金代收代付服务，从而促进交易完成。

一、第三方支付行业的类型

自2010年6月开始，我国对第三方支付机构开始实施监管，要求这些第三方支付机构获得央行颁发的支付业务许可证（以下简称"支付牌照"或"第三方支付牌照"）。按照央行的划分，第三方支付分为互联网支付、商户收单和预付卡三种类型。

（1）互联网支付，即我们常说的网络支付。网络支付又分为两种：

一种是面向个人的支付平台，比如我们熟知的支付宝、财付通、银联在线等；另一种是面向企业提供的支付解决方案，这类支付平台有快钱、汇付天下等。

（2）商户收单，基本对应的是线下支付，包括银联商务、拉卡拉、通联等。我们在商场购物或在便利店买商品时，刷卡使用的POS机可能就来自这些平台。

（3）预付卡，是指发卡机构以盈利为目的，通过特定载体和形式发行的，可在特定机构购买商品或服务的预付凭证，分为记名预付卡和不记名预付卡，包括磁条卡、芯片卡等。

国内主流第三方支付平台是银联商务、银联在线、支付宝、微信支付、财付通等；国外典型的第三方支付平台有PayPal、WorldPay等。

二、企业对第三方支付的管理

对于零售业和服务业来说，第三方支付已成为必不可少的收款方式，尤其是互联网支付，如微信和支付宝，因其使用上的便利性和安全性，有逐步取代现金和银行卡支付的趋势。因此，直接面向消费者的企业往往都开通了企业微信账户和企业支付宝账户。这类账户通常与企业注册的银行账户绑定，由企业自行在互联网上进行收款、转账、提现的操作。因此，这类账户的管理既与银行账户管理有相通之处，也因其自身账户特点而有别于企业银行账户的管理方式。

以微信、支付宝账户管理为例，说明企业应如何对除预付卡之外的第三方支付进行管理。

（1）因微信、支付宝账户同样属于企业自身的资金账户，有资金支付功能，因此微信、支付宝账户的开立申请应履行和银行账户开立申请同样的审批手续，在申请成功后，应视同银行账户进行管理。企业报表中的货币资金也应包含企业微信、支付宝账户中的资金余额。

（2）企业应对微信、支付宝账户中的部分功能加以限制，比如只进行对私销售收款，关闭支付及转账功能，而通过银行系统进行对公付款，以确保企业大额支付安全且合规。

（3）使用企业微信、支付宝账户的退款和提款功能时必须由两人操作，其中一人发起，另一人复核，以确保资金支付与提款准确无误。

（4）企业微信、支付宝账户应规定只能关联一个银行账户作为提款账户，变更时需要重新经过批准，从而确保企业资金流向清晰、可核对。

（5）密码管理方面：微信、支付宝账户登录密码和支付密码必须由财务人员保管，且必须由两人分开保管，每月定期或不定期进行更改，其中，出纳负责保管登录密码，财务经理负责保管支付密码。财务人员工作交接时必须现场更改密码并在交接记录中注明"支付宝、微信密码已更改"。

（6）提现管理：一般有手工提现和自动提现两种提现形式，可根据实际情况选择使用。①手工提现：即时提现（至少每日或每周一次），确保账户余额不超过日均或周均用量，并应由出纳登录操作，再由支付密码保管人复核。②自动提现：系统设置每日自动提现。

（7）对账管理：微信、支付宝账户应视同银行账户进行管理，对交易记录须每日复核，每月余额必须反映在银行余额调节表中，在余额调节表最后单列一行列示。

（8）收费发票管理：每月向支付宝、微信管理方申请开具手续费及其他相关发票，并附在每月最后一次提现凭证后。

（9）交易记录档案管理：每日营业结束后，出纳应将微信账户和支付宝账户的交易记录档案分开保管，按时间顺序装订成册，每周最后一天由会计对交易记录档案进行复核并签字，财务负责人每月月底应抽查复核一次。

第八章　资产风险管理
——守住企业的"摇钱树"

第一节　资产管理中应关注的风险

资产，即企业的财产，包括固定资产、存货、无形资产和生物资产等，是企业正常生产运营的基础条件之一，是企业生产产品、提供服务的根基。管理好企业的资产，实质就是要做到物尽其用，管理有序，责任到人，守好企业的"摇钱树"。

《企业内部控制应用指引第8号——资产管理》指出，企业资产管理至少应当关注以下风险。

（一）存货积压或短缺，可能导致流动资金占用过量、存货价值贬损或生产中断。

（二）固定资产更新改造不够、使用效能低下、维护不当、产能过剩，可能导致企业缺乏竞争力、资产价值贬损、安全事故频发或资源浪费。

（三）无形资产缺乏核心技术、权属不清、技术落后、存在重大技术安全隐患，可能导致企业法律纠纷、缺乏可持续发展能力。

企业应加强对各类资产的管理，全面梳理资产管理的各项流程，及时发现资产管理中的薄弱环节，采取及时、有效的措施加以改进和完善，并重点关注资产减值迹象，合理确认资产减值损失，不断提高企业资产管理水平。财务成本部在牵头实施资产各项管理措施的同时，还应重视资产的投保和理赔工作，对于企业重要财产的保险应采取招标的方式，确定保险机构，并对标的资产进行适当投保，以降低资产损失的风险。

第二节 资产的分类

资产按照不同属性及管理特征，参照会计科目可以分为存货、固定资产、无形资产和生物资产等。

1. 存货

存货，是指企业在日常生产经营活动中持有以备出售的产成品或商品，处在生产过程中的在产品，在生产过程或提供劳务过程中耗用的材料或物料等，包括各类材料、在产品、半成品、产成品、库存商品、包装物、低值易耗品和委托加工物资等。一般情况下，企业的存货包括下列三种类型的有形资产。

（1）在正常经营过程中存储以备出售的存货。这是指企业在正常生产经营的过程中处于待销状态的各种物品，如工业企业的库存产成品及商品流通企业的库存商品。

（2）为了最终出售，正处于生产过程中的存货。这是指为了最终出售但目前尚处于生产加工过程中的各种物品，如工业企业的在产品、自制半成品、委托加工物资等。

（3）为了生产供销售的商品或为了提供服务以备消耗的存货。这是指企业为生产产品或提供服务耗用而储备的各种原材料、低值易耗品等。

2. 固定资产

固定资产，是指企业为生产产品、提供劳务、出租或者经营管理而持有的、使用时间超过十二个月的、价值达到一定标准的非货币性资产，包括房屋、建筑物、机器、机械、运输工具，以及其他与生产经营活动有关的设备、器具和工具等。固定资产是企业的劳动手段，也是企业赖以生产经营的主要资产。固定资产一般被分为生产用固定资产、非生产用固定资产、出租的固定资产、未使用固定资产、闲置固定资产、融资租赁固定资产。

3. 无形资产

无形资产，是指没有实物形态可供辨认的非货币性资产。无形资产没有物质实体，而是表现为某种法定权利或技术。无形资产包括社会无形资产和自然无形资产。其中，社会无形资产通常包括专利权、非专利技术、商标权、著作权、特许权、土地使用权等；自然无形资产包括不具实体物质形态的天然气等自然资源。

4. 生物资产

生物资产，是指有生命的动物和植物。生物资产分为消耗性生物资产、生产性生物资产和公益性生物资产。消耗性生物资产，是指为出售而持有的或在将来收获为农产品的生物资产，包括生长中的大田作物、蔬菜、用材林及存栏待售的牲畜等。生产性生物资产，是指为产出农产品、提供劳务或出租等目的而持有的生物资产，包括经济林、薪炭林、产畜和役畜等。公益性生物资产，是指以防护、环境保护为主要目的的生物资产，包括防风固沙林、水土保持林和水源涵养林等。

在了解清楚资产的分类后，我们就可以针对不同资产的管理特征和风险点，分别制订有针对性的有效管理措施。

第三节　存货的管理

企业应当建立智能化的存货台账，完善进销存系统，并对存货在采购、验收、入库、仓储、领用、调拨、盘点等各个环节进行标准化、全员化、系统化、流程化的管理，从而提高企业存货的管理效率，强化存货流转监控，降低存货非正常损失风险。

一、存货的管理措施

（1）采用先进的存货管理技术，规范存货管理流程，从存货的采购、验收、入库、加工、仓储、领用、盘点等各个环节着手，制订相应的管理制度，充分利用信息化系统，强化在库及出入库等相关留痕和记录，确保存货管理全过程的风险得到有效控制。

（2）企业应当重视存货的验收工作，规范存货验收程序和方法，对入库存货的数量、质量、技术规格等方面进行查验，验收无误后方可入库。外购的存货应当重视合同、发票等原始单据与存货的数量、质量、规格的一致性。涉及技术含量较高的外购存货，必要时可以委托第三方专业机构对该部分存货进行协助验收。自制存货的验收，应当重点关注产品质量，即良品率。通过质检的半成品或产成品方可入库，不合格的应及时查明原因，落实责任，并制订相应的整改措施。

（3）企业应当建立存货保管制度，定期对存货进行检查，重点关注以下风险是否得到有效管理：①存货在不同仓库流动时是否已经办理相应调拨手续；②是否根据不同存货建立了相应的分类存储区域，并满足存储条件，健全防火、防盗、防洪、防潮、防病虫害和防变质等管理措施；③是否加强对现场生产原材料的管理，防止浪费、被盗和流失；④对代管、代销、暂存、受托加工的存货，是否区别存放，并单独记录；⑤是否建立并执行存货发出和领用的审批权限，大批存货、贵重商品或危险品的发出是否有特别授权机制，仓储部门是否严格按照审批发货；⑥仓储管理组是否翔实无误地记录存货入库、出库、在库的情况，并做到存货记录与实际在库相符，并定期组织核对；⑦存货的采购立项数量是否充分考虑库存情况、消耗周期和市场状况，合理确定采购数量和采购日期，确保库存处于最佳状态；⑧是否建立了存货的定期盘点清查制度，结合企业实际情况确定盘点周期、流程、范围等，核查存货数量，及时发现存货减值迹象。

二、存货管理案例分析——以低值易耗品为例

下面以低值易耗品为例，来说明如何进行存货各风险点的管理。原材料和库存商品的管理与低值易耗品的大同小异，这里就不再赘述。

低值易耗品，指的是使用年限在一年以内，且单位价值在2000元（不含税）以下的，不符合库存商品、原材料、固定资产定义的实物资产。

低值易耗品按管理方式可以分为普通低值易耗品和类资产低值易耗品。普通低值易耗品，是指单位价值在某标准以下（企业根据管理需求自行定义）或使用年限在1年以内的，领用出库后在资产管理系统做销账处理的实物资产。类资产低值易耗品，是指单位价值在某标准以上但又不符合固定资产条件，且使用年限在一年以上，领用出库后仍在资产管理系统中进行管理的可盘点、需持续管理的实物资产，涉及资金、信息安全的普通低值易耗品可以参照类资产低值易耗品管理。

低值易耗品按资产来源可以分为：自购低值易耗品、非自有低值易耗品。自购低值易耗品与非自有低值易耗品需进行分区管理。

1. 低值易耗品的管理原则

低值易耗品的管理原则包括限额管理和层级管理。限额管理，即为降低低值易耗品的资金占用，避免不必要的浪费，应设定最高库存标准，严禁超限额采买。层级管理，指的是低值易耗品管理采取公司级、部门级二级管理模式。财务成本部需对公司级低值易耗品的管理进行全面指导和监督，并负责一级仓（公司级）库房低值易耗品管理，财务成本部下设成本组，负责低值易耗品的大宗招采，各业务需求部门负责本部门二级仓低值易耗品管理。各部门的具体权责划分见表8-1。

表8-1 低值易耗品管理工作中的权责划分

部门	具体权责
财务成本部资产组	• 指导和监督公司各部门资产管理体系的建立、运行； • 在资产管理系统中维护低值易耗品数据； • 审核低值易耗品的采购、出入库、调拨及处置等事项； • 参与低值易耗品的验收；

续表

部门	具体权责
	• 负责在用类资产低值易耗品的标识卡管理； • 对积压库存、不安全库存及时进行预警，对各部门的资产管理情况进行评估和反馈； • 组织参与在库低值易耗品及在用类资产低值易耗品的盘点，并出具盘点报告
财务成本部 成本组	• 负责低值易耗品的招投标及大额集中采购； • 审批低值易耗品采购合同，监管合同履行情况； • 参与成本招采部分的低值易耗品的验收审核
业务需求 部门	• 根据实际需要，完成本部门低值易耗品的采购立项； • 设置资产管理员，对本部门的低值易耗品及库房（二级仓）进行管理； • 办理本部门固定资产的验收、出入库、调拨及处置手续； • 负责管理类资产低值易耗品的维修保养； • 根据本部门低值易耗品的实际情况，调查损失事故、申报、赔偿申请、事故后续处理等相关手续； • 参与低值易耗品的盘点、清查、统计报告等工作

2. 低值易耗品的采购

低值易耗品的采购，原则上采用预算控制管理，各需求部门应根据年度经营预算，制订年度低值易耗品需求计划，并根据公司批准的计划安排支出，保证资产采购的规模和时间合理。采购立项部门从低值易耗品的需求、数量、金额等方面说明采购的合理性和必要性；财务成本部会同总经理对采购立项进行复核；采购立项流程审批结束后，经办部门录入采购订单，完成订单审批。采购执行由立项部门根据已签订的合同执行下单，督促供方完成产品或服务的生产制作、运输配给，并参与验收。

自购低值易耗品的验收入库管理主要有以下要求。

（1）实物到货后，由财务成本部下属的资产组、成本组、业务需求部门等进行现场验收。现场验收内容包括资产的类别、规格型号、数量、外观、附件和性能等。验收合格后，验收小组成员和供应商在验收单上签字或盖章确认。

（2）资产使用部门仓库管理员依据验收单填制入库单，经财务成本部资产组审批后，完成验收入库工作。

（3）到货时供应商需提供盖章（公章或发货章）的送货清单，清单中应包括资产名称、数量、型号规格、单价、金额等信息。

（4）验收入库手续必须在到货后二十四小时内完成，如有特殊原因不能按时验收入库的，相关部门须向财务成本部资产组提交书面说明，经审批后方可办理入库。

（5）需要第三方检验机构会同验收的资产，应由第三方检验机构出具验收或完工报告，报告须由第三方检验机构盖章确认。

（6）验收入库的工作完成后，财务成本部核算组应依据签确或盖章完成的验收单、低值易耗品验收入库单、送货清单进行相应的账务处理。

（7）采购经办人员须在业务完成后将采购合同、送货清单、低值易耗品验收入库单、低值易耗品发票、付款申请单等相关手续送交财务成本部，办理付款手续，付完款后，财务成本部再进行相应的账务处理。

3. 低值易耗品的领用

低值易耗品的领用应由领用人发起领用申请，并说明用途，经审批后方可领用出库。财务成本部依据领用用途选择费用科目，进行账务处理。

4. 标签管理

标签管理主要指的是类资产低值易耗品领用出库后，应视同为固定资产进行标签管理，即打印并粘贴资产标识卡。标识卡至少应包含以下信息：资产名称、编码、型号、使用部门、起始日期、使用责任人等。标识卡应粘贴于资产显著位置（户外资产或备品备件等不适宜粘贴卡片的可以不粘贴），对于普通低值易耗品则不进行标签管理。使用部门或使用人不得随意撕毁资产标识卡，资产发生调拨后应及时更换资产标识卡。

5. 低值易耗品的保管

（1）企业应根据实际情况建立完善的物资仓储管理细则，保证仓储物资的安全、整齐有序。对于易燃易爆、易腐蚀、易挥发、有毒、易变质、易损坏的特殊物品，要在仓储管理细则中制订详细的保管措施。

（2）对于存储于各业务部门二级仓的低值易耗品，业务部门应指定一名部门资产管理员进行保管。

（3）对于个人使用的类资产低值易耗品，应登记于台账，注明使用品类、使用人、使用期限等详细信息，以监督使用人妥善保管。

（4）对于部门内公用的类资产低值易耗品，应明确部门资产管理员的管理责任，包括明确对该部分资产的定期清洁、维护、盘点等要求。

6. 低值易耗品的维修、保养和报废

类资产低值易耗品的使用管理部门需安排专人定期检查部门内资产的存放状况，排查潜在资产损失风险，并根据各资产状况定期或不定期地对资产进行保养。对于损坏的类资产低值易耗品，由使用部门发起维修申请，由维修部门鉴定审核，维保期内由供应商维修，维保期外由维修部门进行维修。确实超过使用寿命、严重损坏无法修复、技术性能落后无法满足使用需求的，可以申请报废。具体的维修、保养、报废管理细则可以参照本章第四节"固定资产的管理"中对固定资产维修保养的管理要求。

7. 闲置类资产低值易耗品的处理

闲置类资产低值易耗品的处理，详见本章第四节"固定资产的管理"中对闲置资产管理的相关要求。

8. 低值易耗品的盘点

低值易耗品的盘点工作应按照定期与不定期、全盘与抽盘、监盘与自盘相结合的方式进行。盘点可分为以下三种。

（1）全面盘点。财务成本部应每半年牵头组织一次公司范围内低值易耗品的全面盘点。全面盘点人员通常由财务成本部资产组、相关业务部门资产管理员和部门经理组成。全面盘点范围包括公司的自购低值易耗品和非自有低值易耗品。

（2）定期抽查盘点。财务成本部应定期组织抽查盘点或部门滚动盘点，盘点成员参照全面盘点的人员组成。

（3）月末自行盘点。资产使用或管理部门应每月对部门在用资产（类资产低耗）及所辖二级仓库自行进行盘点。

全面盘点和定期抽查盘点完成后由财务成本部出具盘点报告，内容应包括盘点中出现的差异情况、资产盘盈盘亏金额、库龄预警分析、闲置资产情况，以及盘点中存在的问题的处理措施等。资产盘点报告应经总经理审批并存档备查。非自有低值易耗品盘点报告应由资产所有权公司的相关部门和企业内资产盘点小组成员共同签字确认，报批后作为非自有低值易耗品交接和代管工作质量的考核依据。

对在盘点工作中发现的盘盈、盘亏事项应及时上报并查明原因。对于人为原因导致的低值易耗品盘亏，由责任人按估价金额赔偿；对于非人为原因导致的低值易耗品盘亏，应按照企业相关制度和流程履行审批手续后处理。

三、存货的仓储管理

存货的仓储管理涉及两个层面的问题：仓库管理和物料收发存管理。

1. 仓库管理

仓库管理主要围绕仓库品质的5S（整理、整顿、清扫、清洁、素养，S为这5个词的日文罗马字首字母）管理标准和仓库安全管理规范进行管理。这部分是对"物"的具体管理，在此不做详细介绍。

2. 物料收发存管理

物料收发存管理则是对"物"的财务管理，主要是为了促进仓库物资收发及存储工作标准化、合理化、高效化，避免物料在收发和存储过程中出现差错，确保公司资产收发存工作合规、有序，从而使得反映在财务报表中的"存货"和"成本"数据及时、准确、完整。

（1）收货管理的具体内容。

供应商预先送达物资之前，需通知采购经办人，并由采购经办人向仓库提供到货清单，并与仓库人员沟通到货时间。仓库人员接到到货通知后，根据到货物资的类别进行货位的调整和整理，并准备好搬运工具，如托盘、叉车等。供应商送货至仓库后，须将车辆停放在指定位置，并携原始送货清单（须盖有公司印章）到单据交接窗口办理收货。仓库人员核对送货单据信息完整后，方可卸货。

物料验收前，应先放至于验收区，不得放于货位，更不得发料使用。验收物料时，仓库部门若无法确认物料质量，可以同需求或使用部门的验收人员一起进行验收（包括品名、等级、质量、规格、型号、有效期）。需求或使用部门验收合格后，仓库人员对物资的数量、型号、金额进行复核，并协同需求或使用部门对质量进行监督（大批量物资抽检比例不得低于50%）。如发生破损、短少、临近保质期等情况不得擅自收货，并及时反馈给采购经办人和上级领导。

验收工作结束后，由采购经办人填制验收入库单据，报需求或使用部门验收人员和财务成本部管理组复核，复核通过后，第一时间完成入库操作。未能通过验收的物料不予入库，由采购经办人通知供应商做相应处理。需要第三方检验机构会同验收的物料，应由第三方检验机构出具检验报告，报告须由第三方检验机构盖章确认。

出现下列情况时可拒绝验收或入库：未经总经理或是其需求或使用部门主管批准的采购物料，与采购计划或清单不符的采购物料，与要求不符的采购物料。

不合格品应单独存放，严禁投入使用。若因经手人马虎大意，使其投入使用，经手人应承担主要责任。

（2）物料入库管理的具体内容。

仓库人员必须依据"仓库四号"定位原则，即仓号、架号、层号、货位号。物料入库时须精准上架,不可随意摆放。物料上架时要严格按照货位摆放,注意堆放距离,按照先进先出原则一律从最后面放置。同时入库物料要以一定单位量包装,同一物料只能有一种标准的单位量,以便于快速清点物料领取的数量。上架完毕后,在对应的物料收发卡上填写入库日期、入库数量、生产批次、库存数、经手人等信息,必须填写完整。

(3)物料在库管理的具体内容。

仓库各仓号、架号、层号、货位号必须悬挂明显的标识牌,便于物资出入库管理。所有物料必须摆放整齐、标识清晰。收发完物料后,要整理好现场,做好清洁卫生工作。

仓管人员必须在物料新入库时建立物料收发卡,物料收发卡的记录既与物料管理有关,又与报表数据相关,必须正确、工整地填写。物料收发卡不允许更改,如有必要更改时,报仓库主管说明原因后,须在更改处画直线并在改动处签名。物料收发卡必须挂在存放物料的货架上。物料收发卡使用完毕后需要保存三个月,入柜保存,以免造成标示混乱和错误。物料收发卡的操作栏如全部写满,可更换新的物料收发卡继续进行记录。库管人员须根据收发卡对每日变动的物料及时进行盘点,如发现误差要及时找出原因并更改。仓库主管要不定时、不定期地对物料收发卡进行核对检查,对最后经手人或者区域负责人进行绩效考核。

(4)物料出库管理的具体内容。

需求或使用部门从库房调拨物资时,应填制相关调拨单据,明确品名、编码、数量等信息,经本部门相关负责人审批,财务成本部资产组复核盖章后方可发货。仓库人员依据审批后的相关领料单据,按"推陈出新,先进先出,按需供应,节约用料"的出库原则办理出库,同时坚持"一盘底,二核对,三发料,四减数"的发料原则进行拣货、备货,然后将其置于发货区,等待发货。

领料人员凭财务成本部资产组审核盖章后的领料单据与仓库人员共同在现场清点核实发货物料的品名、数量、规格、质量等信息,签字确认办清交接手续。若出库后发生损坏或损失等情况，责任由领料人及其部门承担。出库工作结束后，仓库人员应及时整理发料现场，并达到仓库的5S管理要求。

对于金额特别大的替换件，仓库人员要严格按照以旧换新原则操作，并在指定区域存放旧件，无使用价值旧件应将明细台账提交财务成本部，并将实物交保洁部门统一存放在垃圾总站。仓库内废品需统一送至垃圾总站，由保洁部门每月组织废品变卖，财务成本部成本组确定废品回收供方，并全程监督变卖过程，废品变卖收入应及时上缴至企业账户中。

第四节 固定资产的管理

一、固定资产的分类

固定资产按使用性质可以分为房屋及建筑物、构筑物、机械设备、运输工具、电子设备、办公设备及其他固定资产。按资产服务对象可以分为行政类固定资产和运营类固定资产。行政类固定资产是指服务于员工，不直接产生经济利益的固定资产，如办公电脑、办公家具、打印机等办公设备，寝室资产、食堂资产、行政车辆等；运营类固定资产是指用于运营、产生经济利益的固定资产，即除行政类固定资产外其他用于运营的固定资产。

二、固定资产的采购与验收

在采购环节，固定资产的立项采购通常为资本性支出，占用资本性支出预算，采购完成后也只有折旧部分费用会占用经营计划中的经营预算。固定资产的采购金额通常较高，决策过程较长，要更为审慎，要充分考虑以下因素：是否在年度及月度资本性支出计划内，拟采购数量、目前库存数量、集团内部其他公司库存数量、采购价格、采购标准（型号、品牌、技术参数）、采购周期、到货时间、付款要求。

在验收环节，购进大型设备或需安装的固定资产，通常应待固定资产安装调试完毕运转正常，达到规定标准后，方可办理验收手续。需要第三方检验机构会同验收的固定资产，应由第三方检验机构出具验收或完工报告，报告须由第三方检验机构盖章确认。

三、固定资产的使用

在使用环节，固定资产验收合格后，资产管理部门需做好资产标识卡粘贴。标识卡应包含以下信息：固定资产名称、编码、型号、使用部门、使用日期和使用责任人。标识卡应粘贴于固定资产显著位置（房屋及建筑物、构筑物、生物资产等不适宜粘贴标签的可以不粘贴）。使用部门或使用责任人不得重复使用、随意撕毁及更改资产标识卡，资产发生调拨变动后由资产管理部门负责及时更换资产标识卡。一般而言，固定资产使用周期较长，价值较高，因此，在使用过程中不可避免地会产生调拨、维修保养、报废的管理动作。

1. 固定资产的调拨

（1）企业部门间调拨。企业内部部门间调拨固定资产，须由调入部门发起申请，经调入部门负责人、调出部门审批，财务成本部复核后，方可进行固定资产内部调拨转移。调拨完成后，财务成本部负责变更固定资产信息卡。

（2）集团企业间调拨。集团内不同企业间的调拨，根据资产类别及金额由调入企业发起集团内资产调拨审批流程，凭审批通过的资产调拨流程办理调拨。

（3）集团内企业调拨价格及预算。集团内企业资产调拨价格应根据资产成新率、性能等因素，由双方协商确定，并充分考虑税收要素。企业无偿获得的固定资产可参考移交时提供的采购价格，如无移交价格，双

第八章 资产风险管理

方协商确定调拨价格（可参考采购成本、预计剩余使用期限等因素进行定价）。调拨固定资产产生的损益，按调入和调出企业账面发生额分别计入各自的管理利润考核，实物转移过程中所发生的运杂费、装卸费等，可以约定由调入企业承担。

2. 固定资产的维修保养

对于大型工业企业来说，固定资产的维修保养是成本占比较高的一项支出，企业应根据本企业实际情况和各项重要资产的维保手册，制订固定资产的维修保养实施细则，从而不断夯实企业的维修保养成本。固定资产使用和管理部门需安排专人定期检查部门内资产的存放状况，排查潜在的资产损失风险，并根据各资产状况定期或不定期地对资产进行保养。建立和实施良好的固定资产维修保养管理制度，既能确保公司各项重要设备资产保持良好的工作状态，降低各项能耗和安全风险，也能将维修保养成本控制在合理的范围内。

维修申请通常应由资产使用部门发起，由相应的维修部门鉴定审核，由维修部门、供应商或外包维修公司进行维修。

（1）维保期内的资产维保。针对维保期内需要维修的固定资产，在无须支付维修费用的情况下，资产使用部门的申请审批可以在本部门内完成，审批通过后由使用部门直接联系供应商进行维修、保养，同时财务人员需在资产管理系统内对资产的信息进行更新。

（2）维保期外的资产维保。对于已超过维保期的固定资产，资产使用部门应按照相关制度规定履行维修审批流程。审批完成后，由使用部门组织进行维修、保养，同时财务人员需在资产管理系统内对资产的信息进行更新。

如需外包或外购配件，须完成立项申报后，再进行采购、维修。固定资产经过维保重新达到可使用状态后，维修部门应组织资产使用部门、财务成本部、外包维修公司（如有）进行联合验收，并出具验收材料。

固定资产的维修保养费用归属应视资产维保情况而定。自购作为实物类管理的固定资产的维修、保养费用通常应计入期间费用。但若涉及大型设施设备的改造及更换，致使显著提升设备性能或延长设备使用年限的，应增加设备的可摊销价值或计入长期待摊费用，并在该固定资产预计剩余使用年限中摊销。

3. 固定资产的报废

符合以下条件之一的固定资产，可申请报废：①使用年限已超过使用寿命的；②严重损坏，无修复价值的；③国家规定要淘汰的；④技术性能不能满足继续经营需求的；⑤场地搬迁无法拆迁的。

凡符合报废标准的固定资产，都应由资产使用部门提出申请，说明报废原因，提出初步处理意见，根据对应报废资产金额的相关审批流程进行审批。固定资产报废申请审批通过后，由财务人员及时更新资产管理系统中的资产状态。资产管理部门应及时将已办理报废的固定资产按照审批确定的报废处理方式进行处置。

四、闲置固定资产的管理

闲置固定资产，主要指工程设备类资产超过1年未使用，其他资产连续六个月（含）以上未使用或使用部门列入闲置资产计划的固定资产，不包含由于季节性停业、设备大修原因等暂时停止使用的固定资产。

1. 闲置固定资产形成的因素

闲置固定资产的形成包含但不限于以下四种因素。

（1）后期实际运营同前期规划或预算不完全一致，使得采购数量过多而导致资产闲置。

（2）公司运营策略调整，不再提供某些服务或者业务，导致相应资产闲置。

（3）公司内部整合、重组或者机构改革过程中对部门进行了撤并，导致相应资产闲置。

（4）科技进步，产品或设备更新换代，导致资产闲置。

2. 存量闲置资产的盘活

随着企业经营的不断变化，不可避免地会产生闲置资产，因此，财务成本部应牵头组织各部门采取措施盘活存量闲置资产。存量闲置资产有效盘活是评价公司资产管理工作的重要内容之一。闲置资产的有效盘活包括但不限于以下几种方式。

（1）集团内调拨，盘活闲置资产。集团应组织内部企业每季度末梳理闲置资产，填列相应的闲置资产明细表，并上报集团，由集团财务成本部汇总闲置资产信息并在集团内部进行共享。下属企业在新购资产立项时应首先考虑闲置资产调拨，如闲置资产调拨无法解决需求，再考虑采购。

（2）开展租赁业务，进行闲置资产的再利用。针对因企业运营策略、经营业务调整形成的闲置资产，或其他原因形成的闲置资产，可开展租赁业务，盘活闲置资产。如自营模式调整为联营模式，企业可将闲置的资产租赁给商户，获取租赁收入。

（3）科学合理利用资产置换手段，节约资金支出。为盘活闲置资产，企业可将闲置资产以置换的形式换取公司有需求的其他资产。

（4）公开对外销售，处置闲置资产。出售资产时应由财务成本部与资产使用部门组成资产处置小组，组织三方比价或招投标确定最终的处置价格及购买方。

第五节 无形资产的管理

无形资产是企业拥有的全部非物质性资产，其价值无法用普通的会计方法来衡量。很多企业的管理层往往忽视对无形资产的管理，也很少对无形资产进行评估，而投资者却对企业的无形资产极为重视。企业拥有的无形资产包括但不限于：专利、软件、品牌、商标、标识、特许经销权、科研开发资源、创意、知识产权与版权、企业声誉和人力资源等。企业应在充分利用无形资产的基础上，对有形资产进行经营，为企业股东创造收益。

在资产管理方面，有的企业经营者认为只有有形的资产才是资产，对有形资产也形成了一套比较完整的管理方法，企业里有专人对有形资产进行管理，而对企业在长期经营活动中形成的无形资产却缺少规范和管理。由于无形资产的使用状况与其经营业绩评价没有直接关系，而且无形资产的流失在短期内不会影响企业的生产经营，因此经营者对企业内的无形资产缺少关注，缺乏无形资产保护意识，也较少关注无形资产的保密性，使得企业内无法形成对无形资产的有效管理。

再从财务报表的角度来说，无形资产的披露原本就不够完全。根据我国新修订的《企业会计准则第6号——无形资产》第三条的规定，无形资产包括可辨认的专利权、非专利技术、商标权、著作权、土地使用权、特许权等和不可辨认的商誉。而其中的第十一条规定，自创商誉不能加以确认为无形资产，因此对于不在财务报表披露范围内的无形资产，如管理模式、商业模式、营销渠道、供应库等无形资产的价值都无法在企业的财务报告中有形体现，或许这部分价值只有在企业被并购时才会以商誉的形式体现在并购方的财务报表中。上述原因导致经营者对无形资产的管理重视程度不高，在评价企业经营状况时对无形资产状况的评价成了可有可无的管理动作。平时对无形资产缺乏有效的保护措施，在无形资产流失时也不能及时引起各方的注意，因此企业常出现无形资产流失后也没有采取有效行动的情况。

实际上，企业的某些无形资产的价值比有形资产更高，在众多企业收并购过程中，收购主体为价值不菲的商誉所进行的费用支付，就是最好的证明。企业应建立无形资产从取得、使用，再到评估、处置的全流程管理制度，其涉及无形资产开发方面的管理制度，无形资产权益（权益的取得、维护、保护）方面的管理制度，无形资产对外许可、转让、合作管理制度，无形资产档案管理制度，无形资产投入产出考核制度，无形资产融

第八章 资产风险管理

资管理制度，无形资产评估管理制度，无形资产审计管理制度，无形资产投资管理制度，等等。制订管理制度时既要考虑无形资产发生、发展的客观规律和企业的无形资产存量，又要考虑无形资产之间的联系和管理的特殊要求。从来源看，企业无形资产的形成可以分为内部产生的无形资产和外购的无形资产。

企业对内部形成的无形资产，应紧紧围绕无形资产的形成、积累、评估、管理、使用和创新整个过程，建立控制和管理的相关制度。尤其对于科创公司而言，企业应根据无形资产研发和应用的特点，以及相关法律法规的要求，设立专门的机构或人员负责无形资产的培育和开发，根据企业自身的文化传统、技术要素、管理经验、核心业务和研发实力，以及企业独特的资源、市场、生产条件等优势，培育和开发无形资产。财务成本部应把无形资产的管理列入企业的资产管理范畴，协同各专门机构和相关部门对无形资产的投资回报率进行立项讨论，对已经形成的无形资产进行有效管理，通过企业宣传途径对外传播，触达消费者的真实需求，并不断关注资产价值的变化。在使用无形资产的过程中，要建立无形资产的保护制度和创新制度，只有充分保护企业的无形资产价值并不断创新，才能增强企业竞争力。企业要重视新产品的开发，重点开发根据新的知识及发明创造，采用新原理、新技术、新材料等研制而成的新产品，要重视以关键技术的创新和应用为主要职能的部门的建设，积极引进基础应用前沿人才。此外，要建立对从事无形资产进行培育、开发和管理的人员的激励制度，如加大对无形资产的研发力度，建立研发人员成果激励机制。总之，在企业内部生成的无形资产的价值容易被管理层忽略，大多数企业只是在遇到诸如并购等危机时才会对无形资产的价值进行评估。企业应当对无形资产进行战略性或系统性管理，从而充分发挥其资产价值。

而对于外购的无形资产，核心在于合理、准确评估被并购对象的溢价，并在并购完成后，合理安排和管理，确保充分发挥被并购对象的价值和作用。无形资产中包括企业文化、经验、组织、团队精神、个人领导力等，这些是无法单独剥离的，比如，许多专利技术和知识需要一定的经验予以配合和支持才能很好地发挥作用。因此，在经营中就出现了不分拆式的运营方法，即总体收购，以保持原有的无形资产仍在原管理模式和架构下运转，从而更充分地发挥作用。无形资产的经营运作是与管理合为一体的。

无形资产的管理运营应该成为与生产经营和资本运作一样的独立经营方式，从而使无形资产不仅是财务报表中的一个科目或是游离在管理范围外的企业资源，还能够与有形资产一样，成为企业可充分发掘、应用的"摇钱树"。

随着知识经济和经济全球化过程日趋明显，越来越多科技创新企业的无形资产价值占总资产价值的比例越来越高，而且通过无形资产所得的经营收入也占相当大比重，如用技术投资或品牌投资等。对无形资产管理的关键并不在于追求价值表达的精确，而是要牢牢把握两个目标：第一，建立一个既包括有形资产又包括无形资产的量化评估系统；第二，协调两者之间的关系，最大限度地实现其价值。财务成本管理者应该在企业内部牵头建立无形资产的管理机制，包括但不限于以下几方面。

（1）评估、保护并宣传无形资产的价值，促进资本市场和消费市场对企业业绩与潜力的认同。例如，在微软、亚马逊和戴尔等公司，有形资产在公司市场价值中只占很小的一部分，但并不妨碍上述公司成为世界知名公司，其品牌价值、商业模式和管理方法等无形价值被深度发掘。

准确评估企业内无形资产的价值是企业自我价值评估的重要环节，也是清晰认识企业自身优劣势并根据自身特点和市场环境准确制订公司未来发展战略的重要途径之一。

企业应提升全员对于无形资产的保护意识，设立无形资产尤其是知识产权等方面的保护机制，以及无形资产在创造、使用、许可等环节的管理制度。企业应明确统筹管理无形资产的部门，通常可以由法律事务部牵头负责，对于集团内各部门、各地方企业基于自身业务所产生的无形资产，应及时与责任部门对接，经评估审定需报批工商局或知识产权局的，按照企业内部制订的专利管理办法或商标管理办法进行知识产权的申报，以便企业及时统计、准确评估无形资产价值，并充分发挥无形资产价值，助力经营，赋能发展。

企业应建立无形资产授权使用的相关制度和审批流程，对于所有业务执行过程中需要使用的企业的无形资产，均应按照制度和流程合法使用或授权他人使用。

建立无形资产违规使用上报机制，并加强企业的维权意识，对于侵犯企业无形资产价值的行为，及时通过各种合理手段予以坚决制止，并及时挽回企业损失。同时，在企业日常生产经营活动中，也要严格依法办事：不侵害他人的知识产权，不盗用他人的专利技术，不制造、不使用、不销售、不传播假冒产品，不盗用和仿造他人的商标、产品标识和外观设计。

企业还应积极参与宣传保护无形资产的社会活动，与社会各界共同致力于无形资产事业的健康发展。践行与无形资产相关的社会责任，增强全社会无形资产保护意识，履行推进无形资产保护事业发展的企业责任。

（2）财务成本管理者要根据企业制订的投资管理战略，平衡企业有形资产与无形资产的投资分配，对企业的科研开发、品牌和人力资本等无形资产进行价值评估。

尤其在企业对外并购的过程中，有形资产的价值评估因大多存在公开交易市场，因此其价值评估往往偏差不会太大；而无形资产的价值评估因其特殊性，往往评估难度较大，一旦评估价值过高就会产生较高的收购溢价。高溢价收购通常会给企业带来巨额的商誉，商誉属于被并购企业的无形资产，这部分资产的信息相对于其他形式的资产不太透明。而在并购中支付过高溢价，并购后又计提大额商誉减值的案例比比皆是。例如，上市公司高伟达在2021年1月18日发布公告称，2020年预计计提商誉减值准备6.45亿~7.94亿元，本次计提商誉减值准备之后，报告期内，公司归属于母公司所有者的净利润预计为−6.88亿~−5.32亿元，比2019年同期下降了497.41%~614.05%。

上市公司商誉爆雷通常有三个原因：一是在前期企业并购中可能对商誉评估有过多的水分；二是受客观因素或经营原因影响，相关企业业绩难以兑现；三是根据监管要求，年底上市公司需要对商誉进行减值测试。因此，对于企业并购过程中所支付的高溢价，需要财务成本管理者进行科学的评估和判断。在并购后，财务成本管理者也需要对外购的无形资产进行充分吸收和合理挖掘，充分发挥外购无形资产的使用价值，避免出现因支付过高溢价或后期使用不当导致的重大资产减值。

（3）充分有效管理企业内部的无形资产，发掘价值，赋能经营。要建立无形资产的全流程管理机制，使其价值得到充分利用。例如，企业应充分了解自身知识技能积累的深度和广度，充分挖潜内部协作和互助营销的机会；在经营中充分发挥诸如知识产权等无形优势，有效转化技术应用或特许联营等收益来源；不断发掘自有品牌的潜力和价值，实现轻资产经营的战略目标。比如，在商业地产领域，有数据显示，2020年，万达集团开业45个万达广场，其中轻资产模式的有27个，占比超过60%；签约轻资产模式万达广场60个，是2019年的1.67倍；在在建的142个万达广场中，轻资产模式的占比超过80%。2021年，万达集团计划开业50个万达广场，其中轻资产模式的34个，轻资产模式的占比68%；计划签约轻资产模式万达广场70个。这意味着万达在商业地产领域依靠品牌和管理实现了"别人投资，盈利分成"的轻资产商业模式，而且其已经成为万达集团商业发展的主要经营方向。由此可见，无形资产的充分发掘和利用在投资回报、风险管理、企业估值方面均体现出了巨大的价值。

总之，对大多数正在努力确立竞争优势的企业来说，无形资产是一种尚未完全开发的丰富资源。因此，财务成本管理者的任务紧迫，必须尽快建立无形资产管理机制，制订企业无形资产的评估和资本分配标准，从而降低因企业管理不善而造成无形资产损失或未充分发挥无形资产价值甚至遭受损失的风险。

第九章　税务风险管理
——维护企业的"好形象"

第一节　税务风险的管理

企业的税务工作是财务工作的重要组成部分，原因在于，企业纳税义务的依据是相关税法和财务经营数据。依法诚信纳税是企业履行社会责任的体现，税务数据也是企业经营和管理成果的佐证。财务成本部是企业涉税业务的直接责任部门，与税务机关建立良好的沟通渠道，按时按章报税、缴税，进行合理的税务筹划，降低企业的税务风险，是财务成本管理者的重要职责。

企业税务风险主要包括两方面：一方面是企业的税务行为不符合税收法律法规，应纳税而未纳税或少纳税，从而面临补税、罚款、加收滞纳金、刑罚处罚及声誉损害等风险；另一方面是企业财务管理不规范或对相关税务规章了解不充分，错用或未充分享受有关优惠政策，导致税款错报错缴，承担了不必要的税收负担等。

一直以来，企业都很重视税务风险，原因是，企业如因应纳税而未纳税、少纳税，不仅面临经济处罚，还影响企业的公众形象，严重的还会影响企业的投融资、对外合作和持续经营；企业如果多缴纳了税款，那无疑是多承担了成本，这就降低了企业的经营利润。因此作为财务成本管理者应该重视税务管理工作，加强与税务机关工作人员的沟通和交流，确保对所有涉税事项的一致认同，这既是财务工作者的本职工作，也是维护企业品牌形象的重要保障。财务成本管理者除了带领财务人员不断夯实税务管理的基本功，还应加强与税务机关及企业内部管理层的沟通。不过，企业面临的税务风险仍旧不能完全规避，这有以下三个原因。

（1）财务成本管理者对税法理解不深入、不准确，这是税务管理最直接的风险。同时，征管方和经营方各自立场不同，导致对同一涉税事项有不同理解，甚至不同税务机关对同一涉税事项的理解也可能不同，税款征纳双方有时较难做到"沟通中的认同"。因此，税款征纳双方的有效沟通显得尤为重要。

（2）企业管理层可能对于企业纳税责任理解不到位，只把缴纳的税金当作企业的一项额外成本，而未重视企业按时、准确申报和纳税所带来的"诚信合法经营，践行社会责任"的商业价值。企业管理层的认知偏差可能会导致企业对财务风险管理的过程中缺失对税务风险管理的举措。因此，财务成本管理者需要不断加强与企业内部管理层的沟通，统一思想、凝聚共识，夯实税务风险管理的基础。

（3）纳税申报的基础是与税收相关的法律法规和财务经营数据，因此在企业日常经营活动与会计核算时，可能因为核算错误导致的税务风险已然存在于企业实际缴纳各项税费之前。换言之，企业主观上实施的涉税相关业务计算与核算等行为，导致其与税收政策、法规等出现矛盾甚至相互背离，而财务人员由于责任心不强或专业不够扎实，未能及时发现，从而导致税务风险的发生。因此，财务成本管理者应夯实财务核算基础，及时掌握税收法规的相关要求，充分了解税会差异，建立完整的税务风险管理体系，从而确保上述企业税务风险处于可控制的低风险范围。

第二节　税务管理体系的搭建

企业应通过搭建税务管理体系规范企业的税务管理工作，防范税务风险，并为重点涉税事项提供指引。

一、两级税务管理平台的搭建

企业应搭建两级税务管理平台。由集团财务统筹重难点税务事项和对下属企业涉税事项进行有效指导：负责集团层面的涉税事项管理；负责审定各地区上报的税务方案；开展集团内部税务考核评价机制，确保重难点税务方案实施落地。各地方企业财务负责各地区、各业态的基础税务工作，包括指引制订、标准工具开发、流程审批、事后检查等各种方式，确保各地方企业日常税务事项符合法律法规要求。通过两级税务管理平台的搭建，做到统筹管理，两级复核，确保税务风险可控。其中，重难点税务事项主要有以下几个方面。

（1）集团统一要求各下属企业执行指引制订、税务工具开发等。

（2）集团整体所得税年度汇算清缴，由集团统筹，下发工作通知及时间要求。

（3）存在预计补缴税金、罚款、滞纳金等情况。

（4）税务机关检查，检查结果可能引起针对企业其他业态或全集团范围内共同事项的普遍检查。

（5）税务沟通，且在税务沟通中出现严重危害税务关系的情形，拟采取如听证、行政复议、行政诉讼等法律补救措施的。

（6）跨地区或部门重大涉税决策（决策事项可能具有明显的税务利益或产生重大税务风险，或者公司各部门无法达成一致而需要集团参与等事项）。

（7）重大股权交易（包括集团内及与第三方公司）。

（8）境外交易。

（9）重大事项的涉税应对，如增值税纳税人身份变更、大额发票开具、税收优惠申请或备案、税务争议、特殊税务处理方式等。

二、税务管理体系的搭建

（1）税务制度及指引建设。根据各地方企业税务管理现状进行调研，根据需要制订、完善、执行、复核税务管理制度及操作指引等管理工具，确保制度可落地、可执行，且有利于提升集团或各地企业整体的税务管理水平。

（2）税务信息化建设。积极学习并开发、调整集团化的税务信息化工具，利用信息化手段不断适应组织变革调整后的税务沟通机制和税务管理水平。

（3）专业能力建设。通过线上线下两个维度，建立专业培训、分享、考试等形式不限的专业能力建设体系，确保企业财务人员具备税务专业胜任力。

（4）税务考核评价。制订适应于集团和各地企业税务管理现状的考核评价制度，并定期对不同税务主体的涉税财务人员及经手的税务事项进行考核评价，通过考核评价机制规范日常税务管理工作质量，确保重难点税务方案实施落地，提升集团及各地财务人员的税务管理水平。

（5）税务检查。定期或不定期安排实地税务检查，发现问题及时整改。检查范围为集团和地方企业的主体税务事项，检查事项包括但不限于纳税申报及缴纳、发票管理、与税务机关的关系维护及往来函件（如有）等。

第三节　税务管理事项操作指引

在完成税务体系搭建后，企业财务成本管理者需要在体系框架内对具体的税务管理事项进行规范和梳理，主要涉及税务登记管理、涉税审批管理、发票管理、税款申报及缴纳管理、税务档案管理。

一、税务登记管理

企业应按照国家税务总局令第48号中对《税务登记管理办法》的最

新改动为要求进行税务登记与注销。税务登记的种类包括开业登记，变更登记，停业、复业登记，注销登记和外出经营报验登记（主要涉及建筑业）等。

企业应当自领取工商营业执照之日起30日内申报办理税务、税种登记，并同步办理增值税一般纳税人资格登记（如需）、税盘发行、领购发票等业务；在办理税务登记后的15日内办理财务制度和核算软件备案。在工商行政管理机关办理工商变更的，应在工商行政变更之日起30日内，向原税务登记机关办理税务变更登记。从开立或变更与税务缴纳系统关联的银行账户之日起15日内应向税务机关办理备案登记。

在办理完企业税务登记后，应同步办理实名办税人员信息采集，通常包括企业财务负责人和税务会计。当上述人员出现离职或调动情况时，应撤销其办理税务事项授权委托书，并办理实名办税人员税务信息变更。

企业注销或注册地址迁移（迁出原税务局管辖范围），均需提前办理税务注销程序，涉及税款缴纳、发票缴销、税务注销等流程。

二、涉税审批管理

企业应建立涉及税款缴纳、税务师事务所选定、税审报告定稿、税收筹划方案、税务清算，以及重大税务事项的审批制度。制度需要兼顾效率与重要性原则，平衡好集权与分权，根据集团统筹管理需要和地方企业税务特点制订。

三、发票管理

在营改增后，营业税取消，增值税覆盖全行业，而增值税的特点是系统管理、环环抵扣、违法入刑，特别是"金税工程三期"系统上线后，对企业发票及经营数据的各种异常数据趋势的分析愈加详细，因此，财务成本管理者务必重视增值税发票，尤其是增值税专用发票的管理工作，防止因管理疏漏导致发票涉税风险的发生。

1. 发票购入管理

发票申购必须由办税员向税务机关办理发票申购手续。增值税普通发票可在电子税务局申请并邮递至企业，或直接至税务局办税窗口申购；增值税专用发票必须至税务局办税窗口申购。

增值税发票申购需在企业的发票管理登记簿上登记购入时间和购入起止票号，并由领购人签字确认。

2. 发票领用及交接管理

税务会计可领用增值税专用发票及增值税普通发票，有多个开票点位的企业可以将普通发票的开票权下放，以便于提升面向消费者端的开票效率，但增值税专用发票的开具权限建议仍旧统一管理，以降低发票涉税风险。

各点位开票员应定期向税务会计交接上期已开具的增值税普通发票及作废发票，并附上相应消费凭证作为开票依据；月末需及时整理已开具发票及相关凭证，并于次月第一个工作日完成交接。

各点位开票员每期末领用下一期需使用的发票，原则上一次领用量不得超过预估一期使用量，如果遇到特殊情况需提前向财务负责人报备。

各点位开票员领用空白发票时需携带开票点位金税盘分盘至财务成本部，并在发票管理登记簿上登记领用时间、领用起止票号，由领用人签字确认；税务会计需确认领用发票的数量、起止票号并分配至金税盘分盘，空白发票需加盖发票专用章后再交接给前场开票员。

3. 发票保管管理

空白发票应由总账负责购入及领用，发票必须妥善保管在带锁的柜子中，从而将发票购入或领用的职责与开票职责相分离。已开具发票的记账联需及时交会计入账，抵扣联及发票联需妥善保管，并通知申请人领取，作废发票全联次需妥善保管。

所有点位开票员应定期完成开票点位空白发票盘点，并填写发票盘点记录表，确认本期使用量及剩余空白发票量，并预估下期的发票使用量，由上级领导监盘并签字确认。

与增值税专用发票认证相符的抵扣联、认证结果清单应装订成册并归档。增值税普通发票存根联也应按月整理装订成册，以备查用。

4. 发票开具管理

通常企业可选择开具三联增值税专用发票（包括记账联、抵扣联和发票联）和两联增值税普通发票（包括记账联和发票联）。

财务成本部需建立增值税发票开具申请流程，根据申请和实际业务开具增值税专用发票或增值税普通发票。流程可由经办部门提出申请，经办人填写开票申请单，经对应部门负责人（税务会计及财务经理）签字确认后开具发票。发票的开具应项目齐全且与业务实质相符，发票联和抵扣联需加盖发票专用章，不得用财务专用章替盖。不符合增值税专用发票开具条件的，不得开具增值税专用发票。

不符合增值税专用发票开具条件的情形，包括但不限于以下几点。

（1）购买方为个人客户的，不得开具增值税专用发票。

（2）销售货物、提供应税劳务或者发生应税行为使用增值税免税规定的（法律法规规定的少数特殊情况除外）。

（3）部分适用简易征收政策规定的。

发票开具经办人需序时、按发票号码顺序在发票使用登记表上登记，作废发票需登记发票号码并注明作废原因。客户领取发票需在发票使用登记表上签字确认，防止重复申请。

开票需严格按照财务成本部指定的货物及应税服务或劳务名称、税收分类编码、税率开具增值税发票。开具增值税普通发票，如购买方为个人，必填名称，名称可根据客户要求填写"个人"或客户姓名；如购买方为公司，必填名称及纳税人识别号。开具增值税专用发票，购买方必须为公司，必填名称、纳税人识别号、地址及电话、开户行及银行账号。

从受票方的角度来看，需根据不同行业，要求发票开具方在发票备注栏明确填写以下内容。

（1）取得的建筑安装服务增值税发票，需在发票的备注栏注明建筑服务发生地县（市、区）名称及项目名称。跨县（市、区）提供服务的，需施工方提供已在工程项目所在地预缴增值税的完税证明和预缴申报表附件，并加盖公章。其中异地提供建筑服务的小规模纳税人，由税务局代开增值税专用发票的，备注栏中的内容还需额外打印"YD"字样。

（2）取得的出租不动产发票，需在备注栏注明不动产的详细地址。

（3）取得的差额征税发票，备注栏需注明"差额征税"字样，比如劳务派遣公司、经纪代理服务选择差额计税后开具的发票。

发票必须连号开具，不得跳号使用，开票前需仔细核对开票系统正在使用的发票号码与纸质发票号码，如开票系统打印的发票票号与纸质发票票号不一致，该发票必须作废。

作废发票严禁撕毁，需全联次保存。如需作废的，可以在作废发票的右上角注明"作废"字样，同时确保在开票系统内对该发票进行作废处理。仅当月开具的发票可做作废处理，跨月发票不得作废。如开票员确认跨月发票开具错误，需及时进行发票红冲操作。

5. 发票使用的监督管理

财务成本管理者需定期或不定期至所有开票点位，现场抽查开票员的发票使用及管理情况，同时需按一定比例抽查每期交接至财务成本部的已开具发票票面内容，检查内容包括但不限于开票内容是否与消费凭条一致、品名及税率是否按规定开具、是否存在重复开票现象等。

6. 取得发票的抵扣管理

取得的增值税专用发票符合抵扣条件的均需在税务系统中及时认证，认证时限为开票之后360天以内。不能抵扣的要做进项转出，符合条件、能够抵扣的当月做税金申报抵扣。

在纳税申报前，企业税务人员需要将账面的进项税金和申报系统的进项税金进行核对。

7. 发票风险管理

企业应建立相应机制防止虚开发票以及取得虚开发票。开具的所有发票应根据业务实质开具，不得为第三方代开发票，也不得让第三方为企业代开发票；公司取得的发票应三流（发票流、资金流、货物流）一致；对于虚开的发票，不得收取、付款或抵扣。

取得的增值税专用发票为失控发票的，不得直接进行认证抵扣，需与税务机关进行充分沟通后另行处理。

增值税专用发票一旦丢失后应做如下处理。

（1）如果空白发票丢失，首先应在当日，也就是要在第一时间向当地税务机关报告，再通过媒体（主管税务机关指定的报刊）刊登作废声明公告，然后填写发票丢失被盗登记表，最后通过IC卡向税务主管机关申请电子发票退回或办理相关作废手续。

（2）发票联丢失的，开具方如未交付，应及时向税务机关报告，并刊登遗失声明，然后将行政处罚决定书复印件与该份发票的存根联和记账联粘贴在一起，对该份发票做作废处理，再重新开具发票给受票方，并在备注栏中注明遗失发票的发票号码、开票日期和开票金额。受票方遗失发票联的，也应及时向税务机关报告，刊登遗失声明，并由主管税务机关出具相关证明，然后凭证明向开票方索取该份发票的存根联复印件入账。

（3）抵扣联丢失的，如受票方已认证，可使用专用发票的发票联复印备查；丢失前未认证的，可使用专用发票的发票联认证，专用发票的发票联复印件留存备查。

四、税款申报及缴纳管理

税款申报和缴纳应遵循准确性和时效性的要求，通过两级平台复核申报和缴纳金额，以防止出现错报税、漏报税的情况。电子税务局的操作权限应随着相关财务审核人员的变化做交接，并及时办理账号变更或密码修改。

针对存在总、分公司并分别缴纳增值税的企业，分公司应提前与主管税务局就税款缴纳方式进行充分沟通，以税务局认可且风险可控的方式完成税款申报和缴纳。

五、税务档案的管理

税务档案主要包括所得税汇算清缴审计报告、各类评估报告、纳税申报资料及完税证明、税务稽查结案文书、税务检查通知书、税务自查报告、增值税进项发票抵扣联（认证清单）、增值税发票存根联和每期的税务申报表等。

税务档案是企业的重要财务资料，涉及经营数据，以及与税务机关的所有交涉事项，因此税务档案也需要列入财务档案管理范围，进行电子化和纸质化的双重存档管理，并由专人负责，而且应建立借阅登记制度。

第四节 重难点涉税事项

一、税务异常趋势自查

企业财务成本管理者应牵头建立纳税分析自查机制，包括但不限于：按月做纳税进度和收入进度对比，经营计划税负、累计税负与当年税负差异分析，与同行业利润、税负水平对比分析，经营计划与税务毛利分析等。通过不同维度的纳税分析，及时发现异常趋势或指标，并对成因进行具体分析和处理。这样既可以提前防范税务风险，也可以避免不合理的税费支出。例如，预缴所得税过高是因为成本计提不充分或发票取得不及时，则企业应要求业务部门或费用发生部门按照税法认可的权责发生制原则计提成本或加快发票取得。

"金税工程三期"系统上线以后，通过大数据的强大分析能力和自动化税务监管能力，税务机关可以更高效地识别和查处纳税人的不合规行为。企业财务负责人应牵头制定税务自查机制，强化对税务风险的管理。自查可以从以下几个方面着手。

（1）是否及时报税，即是否按规定时间向税务机关报税，避免因报税不完整而引起税务机关关注；是否长期零申报，或整体税负率长期远低于同行业平均水平。

（2）企业用工人数、经营场地是否与所在行业和报表收入不符。比如有些企业人员多、场地大，而报表上只有少量收入，不符合业务逻辑，或人员少、销售收入多，与行业趋势不符，税务机关可能会怀疑企业存在虚开发票的行为；每期收入利润、交税金额波动大，忽高忽低，不符合行业规律。

（3）企业收账款、存货金额是否超出正常周转周期且长期居高不下，如果是，税务机关会怀疑企业存在少确认收入、少交税的可能。

（4）企业能耗是否与营业收入不配比。如果能耗与收入的匹配度与行业趋势不符且无合理的解释，那税务机关可能会怀疑企业收入确认金额不实。

（5）企业往来款金额是否大，且长期挂账，如果是，税务机关会怀疑企业存在股东长期占用资金而未计算利息收入，或成本费用长期挂账，导致成本费用期间错配的可能。

（6）企业员工的平均薪酬较市场行情是否偏低，不符合逻辑。如果是，税务机关有可能怀疑企业为了规避个人所得税的正常缴纳，故意将工资压低，再以费用的形式进行补偿，特别是投资回报率很高的房地产或高新技术行业等。

（7）企业是否长期零申报印花税、房产税等小税种。一般来说，只要存在经营活动，或多或少就会产生一些印花税。公司用的场地要么是自有的，要么是租的，这样就会涉及房产税，特别是租用的房屋，税务机关会关注企业与出租方是否签过合同，出租方是否交过房产税。

（8）企业非经常性事项发生的税务申报是否提前沟通并申报，如大额转让资产（包括厂房、土地、设备、对外投资等）、分红、产生大额坏账等，这些如果没有按规定进行申报和沟通，就会引起税务机关的关注。

（9）企业开出的销项发票是否在公司的经营范围之内。取得的进项发票是否源于正规的供应商，供应商开具的发票内容是否在经营范围之内，且进项发票能与销项相匹配。取得进项发票后的合同付款是否对公转账，付款的附件（包括购货合同、销货合同、送货单、入库单等交易凭据）是否足够支撑该业务事项的税务处理。

二、应对税务检查和稽核

随着税务机关数据库的不断完善，税务机关获取的大数据越来越全面，这会使各行业面临的税务检查风险加大，这种趋势对税务人员的专业性提出了更高的要求。税务检查主要有两种方式：税务稽查和纳税评估。

企业在收到税务检查通知后，财务人员应第一时间与所属地税务机关沟通，了解税务检查的原因，是涉税指标异常、税收政策专项检查，还是以税收任务为目标的检查，并在弄清检查目的之后，根据税务机关检查的要求，与税务机关就税务检查形式进行同步沟通，积极争取以税务自查的形式完成检查。

对于需要向税务机关提交的自查报告，报告内容应由财务负责人亲自把关，尤其要关注存在预计补税的风险。除此之外，报告中对检查的问题应进行定性和定量两个维度的答复，回复的内容应结论明确、依据可靠、数据翔实，确保对所有问题的回复都有充分的说服力。

对于税务机关需要实地调取企业账簿资料的，通常税务机关会出具《调取账簿资料通知书》，双方签字确认后，企业财务人员应全程配合税务机关开展税务稽核工作，所提供的资料应完成企业内部审核后再提交税务机关，并应保留底稿进行存档。在稽核过程中发生的重大不利事项或对于重大问题的回复，应在企业内部形成充分共识后再予以回复。

在税务机关出具检查结果通知书后，财务负责人应将检查结果通知书的内容与集团进行充分沟通后，再行签署；同时，需要总结、反思从税务管理到应对检查中形成的经验，不断完善税务管理规范，提高涉税人员的专业性和应对能力。

三、关联交易的风险

当前大企业集团化、投资多元化特征明显，经常发生各种类型的关联交易，交易价格的高低直接影响企业所得税和流转税的缴纳。因此，企业应关注关联交易中的税收风险问题，积极履行关联申报和同期资料准备义务，合理选用转让定价方法，加强与税务机关之间的沟通协调，必要时通过采取向税务机关提起预约定价安排，与关联方签订成本分摊协议等方式，防范关联交易税收风险。

关联交易的税收风险主要存在于是否具有业务实质、转移定价是否公平合理和成本分摊是否准确无误三个方面。

（1）有形资产的购销环节，既包括有形资产交易，也包括金融资产交易。特别是跨境关联购销交易可能会导致税收跨国转移，税务机关如果认为企业关联交易的定价不合理，有可能导致企业所在国的税收流失，就可以启动特别纳税调整调查程序，要求企业按合理的方法对关联交易价格进行调整。

（2）无形资产转让环节，既包括无形资产交易，也包括劳务交易。由于无形资产的定价比较复杂，集团可能通过此类交易转移利润，降低集团整体的税收负担，如税务机关认定该项无形资产交易不具有业务实质，可能会要求企业按合理的方法对无形资产的价格进行调整。

（3）企业与其关联方共同开发、受让无形资产，或者共同提供、接受劳务发生的成本，在计算应纳税所得额时应当按照独立交易原则进行分摊。关联方承担的成本应与非关联方在可比条件下为获得相应受益权而支付的成本相一致，如企业以少缴税款为目的而未合理分摊成本，税务机关将有权对其成本分摊进行调整。

因此,企业在进行关联交易时,首先应基于合理的商业安排,即关联交易具有商业实质,这是税务机关判断关联交易是否合理的基础;关联交易的价格应符合市场公平价格,尤其是将资产从高税率地区向低税率地区以较低的价格进行售卖,或者从低税率地区向高税率地区以较高的价格进行售卖,通常都是税务机关关注的重点。其次,对于成本费用在集团内企业的分摊,参与分摊的各企业应有合理的、可计量的预期收益,并且所分摊的成本应与非关联方在可比条件下为获得权益所支付的成本相一致。企业应自与关联方签订成本分摊协议之日起三十日内,向主管税务机关报送成本分摊协议副本备案,并在年度所得税汇算清缴时,同步报送《中华人民共和国年度企业关联业务往来报告表》。最后,关联企业之间的债券性和权益性资金往来投资应符合相关规定,超出规定比例部分的利息支出不得税前扣除。

符合条件的企业应当严格按照税法的相关规定,按纳税年度准备,并按照税务机关的要求报送关联交易的同期资料,同期资料包括主体文档、本地文档和特殊事项文档。资料中披露的关联交易、组织架构、企业集团业务、无形资产、融资活动、财务与税务状况、可比性分析等。企业应建立同期资料的审核报送机制,确保报送内容及时、准确、翔实。

四、小税种不可忽视

企业在重视增值税、所得税等大税种的同时,不可忽视对小税种的规范、准确申报和缴纳。有些企业,包括一些上市公司,由于税务管理制度不够健全,财务人员专业水平不高或责任心不强,从而导致在小税种上发生税务风险,进而招致税务机关的全面稽核。根据这两年上市公司发布的补税公告可知,经企业自查或主管税务机关检查,有数十家上市公司需要补缴税款并缴纳滞纳金。值得注意的是,这些上市公司需要补缴的税款,基本不涉及增值税、所得税等大税种,只涉及房产税、城镇土地使用税、耕地占用税、资源税和印花税等小税种。一些上市公司因不重视对小税种的管理，不仅引发了税务风险，还影响了企业形象。分析上市公司发布的补税公告可知，小税种的税务风险点较为集中地表现在未关注最新政策、政策理解有偏差和纳税申报有遗漏。

以印花税为例，在一年一度的全国重点税源企业"双随机抽查"中，某全国性企业集团驻青岛企业A公司与上级母公司一同赴境外承揽建筑安装工程，投标主体为上级母公司境外注册公司。项目中标后，上级母公司以形式指令安排A公司负责境外工程施工部分，双方未签订合同，仅以签订的"内部任务分配单"进行任务分配，从未缴纳印花税，被稽查局检查组指出，最终查补印花税入库一百多万元。

虽然业务双方未签订合同，但签订了内部任务分配单，如果在内部任务分配单中，双方供需关系、签约服务内容、金额、履行期限、地点和方式等信息明确，具有合同性质或作用，可据以提供服务（供货）和结算的，需按照对应的合同类型缴纳印花税。

再如企业开具或取得的各种名称、各种形式的订单、要货单据，如其具有合同性质或作用的，在开具或取得时，应按单据上所载的购销金额及依据购销合同的税目计税贴花。

关于签约单位（境外注册法人公司）、业务发生地、工作完全过程均发生在中国境外的业务所签订的合同或者具有合同性质的凭证，虽不在境内书立，入境时，仍需缴纳印花税。

根据《财政部 国家税务总局关于印花税若干政策的通知》（财税〔2006〕162号）规定，印花税暂行条例列举征税的合同在国外签订的，不便按规定贴花，因此，应在带入境内时办理贴花完税手续。也就是说即使在境外签约，带回（入境）归档时也要申报缴纳印花税。

由此可见，财务成本管理者需要不断引导并加深财务人员对税务专业的理解，提升对小税种的重视程度，并与税务机关积极沟通，弥合双方在具体税务细则条款上的理解分歧。

第十章 财务信息披露管理
——搭好企业的"宣传栏"

第一节 财务信息披露的风险

财务信息是企业展示经营成果和运营状态的"宣传栏",它的载体既包括财务报告,也包括企业提供给外界的其他重大事件通告和非标准化的运营数据,它是企业内外部利益相关者审视企业的重要窗口。

对企业内部而言,财务信息是股东对管理层进行业绩考核的度量衡。管理层是否在经营周期内完成公司指标,是否对所有内控环节均能实施有效管理,是否在所有环节将风险控制在可接受的范围内,都可以通过财务信息得到反映与反馈。管理层也可以通过对财务报表的分析,发现管理上存在的问题,并针对管理上的薄弱环节,制订相应的工作计划,从而加以改善。因此,从某种意义上说,对财务报表的分析是企业提升管理水平的重要依据。尤其是对于上市公司来说,财务信息是反映企业经营状况、管理水平的一面镜子。

对企业外部而言,财务信息及相关信息是潜在投资者、潜在供应商、各级监管部门、第三方机构了解企业并做出相应决策的重要途径(依据)。

因此,财务信息的披露,包括披露方式,披露时点,披露的准确性、完整性、及时性及相关政策法规的要求等,是企业财务成本管理者需要严谨对待、审慎决策的大事。

2021年3月12日,证监会新闻发言人在就康得新退市问题答记者问的过程中表示,将坚决依法依规推进康得新退市,对为达到个人目的而拖延和干扰康得新退市进程，进而牟取不正当利益的行为，将依法追究相关人员的法律责任，维护公开、公平、公正的市场秩序。深交所也表示，坚决维护退市制度的严肃性和权威性，对严重扰乱市场秩序、触及退市情形的公司，做到"应退尽退"，促进形成优胜劣汰的市场机制，推动和提高上市公司质量。这意味着，昔日牛股康得新如今因信息披露造假等问题，收到了"死刑判决"。

事情的起因要追溯到2019年1月，康得新无法按期兑付15亿短期融资券，致使财务信息中披露的运营情况的真实性遭到质疑，被证监会调查。2020年9月22日，证监会对康得新财务信息披露造假等违法行为做出正式行政处罚。根据行政处罚决定，康得新对2015—2018年的财务报表数据进行追溯调整。2021年2月28日，康得新披露追溯调整后的财务报表。报表显示，2015—2018年，康得新的年净利润分别为−14.81亿元、−17.55亿元、−24.60亿元、−23.57亿元，连续四年净利润为负数，触及重大违法强制退市情形。2020年9月9日，公安部门终结对康得新财务信息披露造假等行为的侦查，以违规信息披露、不披露重要信息罪等移送检察院审查起诉。经查明，康得新存在以下三方面信息披露违规事实。

（1）2015—2018年度财务报告存在虚假记载，合计虚增利润115.3亿元。康得新通过虚构销售业务等方式虚增营业收入，并通过虚构采购、生产、研发费用、产品运输等方式虚增营业成本、研发费用和销售费用，导致2015—2018年度财务报告分别虚增利润总额22.43亿元、29.43亿元、39.08亿元、24.36亿元。大股东康得集团与相关银行签订现金管理协议。经查证，协议涉及的康得新银行账户各年年末实际余额为零。康得新2015—2018年年报披露的银行存款余额虚假。

（2）康得新2016—2018年未及时披露及未在年度财务报告中载明康得新子公司为控股股东提供关联担保的情形。

（3）康得新未在年度财务报告中如实披露2015年、2016年非公开发行募集资金的使用情况。

针对上述事实，深交所进一步表示，康得新虚增利润的行为事实清楚，证据确凿，持续时间长，涉案金额大，手段恶劣，严重破坏了市场诚信基础，下一步将认真践行"建制度、不干预、零容忍"方针，坚持"四个敬畏、一个合力"，坚持市场化、法制化、常态化要求，坚决履行退市实施主体责任，依法依规推进康得新退市工作。康得新的退市不可避免地会使很多康得新的投资者遭受损失，但在做好投资者，尤其是中小投资者权益保护的同时，证监会对欺诈发行、信息披露造假等恶性违法违规行为，将继续全面落实"零容忍"要求，对违法违规行为进行严厉打击。

通过上述案例不难看出，如果企业管理层出于自身目的的需要提供了不合规的财务报告或进行了不恰当的信息披露，会给企业带来灭顶之灾。企业面临的信息披露方面的风险主要有以下三方面。

（1）财务报告作为信息披露的重要载体之一，其编制过程若违反国家的法律法规，可能导致企业承担法律责任及声誉受损。

（2）提供虚假财务报告，或其他信息披露违规，误导财务报告及信息的使用者，造成其决策失误，干扰市场秩序。

（3）不能有效利用已获知的财务信息，从而难以发现企业经营管理中存在的问题，可能导致企业经营风险失控。

第二节 财务信息披露的原则

一般来说，对上市公司的信息披露要求比较严格，而对非上市公司的信息披露要求则相对比较宽松。这里我们着重讲解上市公司信息披露的原则。概括地说，上市公司信息披露应遵循真实、准确、完整、及时、公平五大基本原则。

（1）真实。公司及相关信息披露义务人披露的信息应当以客观事实或者具有事实基础的判断和意见为依据，如实反映客观情况，不得有虚假记载和不实陈述。

（2）准确。公司及相关信息披露义务人披露的信息应当使用明确、贴切的语言和简明扼要、通俗易懂的文字，不得含有任何宣传、广告、恭维或者夸大等性质的词句，不得有误导性陈述。

（3）完整。公司及相关信息披露义务人披露的信息应当内容完整、文件齐备，格式符合规定要求，不得有重大遗漏。

（4）及时。公司及相关信息披露义务人应当在规定的期限内披露所有对公司股票及其衍生品种交易价格可能产生较大影响的信息。

（5）公平。公司及相关信息披露义务人应当同时向所有投资者公开披露重大信息，确保所有投资者可以平等地获取同一信息，而不得私下提前向特定对象单独披露、透露或者泄露。

第三节　财务信息披露管理

根据《企业内部控制应用指引第14号——财务报告》中的总体指导思想，企业应当严格执行会计法律法规和国家统一的会计准则制度，加强对财务报告编制、对外提供信息和信息分析利用的全过程管理，明确相关工作流程和要求，落实责任制，确保财务报告和数据信息合法合规、真实完整，信息能被有效利用。财务负责人应对财务信息负责，确保对外提供的数据真实、完整、及时，具体应注重加强以下三个方面的管理。

一、财务报告的编制

企业应当重点关注会计政策和会计估计，对财务报告产生重大影响的交易和事项的处理应当按照规定的流程和权限进行审批。企业在编制年度财务报告前应当进行必要的清产核资、减值测试和债权债务核实。

企业应当按照国家统一的会计准则制度规定，根据完整无误的会计账簿记录和其他相关的会计资料编制财务报告，做到内容完整、数字真实、计算准确，不得漏报或随意进行取舍。

企业财务报告列示的资产、负债、所有者权益金额应当真实，并用资产负债表（表10-1）和所有者权益变动表（表10-2）反映。各项资产计价方法不得随意改变，如有减值，应当合理计提减值准备，严禁虚增或虚减资产。各项负债应当反映企业的现时义务，不得提前、推迟或不确认负债，严禁虚增或虚减负债。所有者权益应当反映企业资产扣除负债后由所有者享有的剩余权益，其由实收资本、资本公积、留存收益构成。企业应当做好所有者权益的保值增值工作，严禁虚假出资、抽逃出资、资本不实。

表10-1 资产负债表

编制单位： 　　　　　　　年　月　　　　　　　单位：元

资产	期末余额	期初余额	负债和所有者权益（或股东权益）	期末余额	期初余额
流动资产：			流动负债：		
货币资金			短期借款		
交易性金融资产			交易性金融负债		
衍生金融资产			衍生金融负债		
应收票据			应付票据		
应收账款			应付账款		
应收款项融资			预收款项		
预付款项			合同负债		

续表

资产	期末余额	期初余额	负债和所有者权益（或股东权益）	期末余额	期初余额
其他应收款			应付职工薪酬		
存货			应交税费		
合同资产			其他应付款		
持有待售资产			持有待售负债		
一年内到期的非流动资产			一年内到期的非流动负债		
其他流动资产			其他流动负债		
流动资产合计：			**流动负债合计：**		
非流动资产：			**非流动负债：**		
债权投资			长期借款		
其他债权投资			应付债券		
长期应收款			长期应付款		
长期股权投资			长期应付职工薪酬		
其他权益工具投资			预计负债		
其他非流动金融资产			递延收益		
投资性房地产			递延所得税负债		
固定资产			其他非流动负债		
在建工程			**非流动负债合计**		

续表

资产	期末余额	期初余额	负债和所有者权益（或股东权益）	期末余额	期初余额
生产性生物资产			负债合计		
油气资产			所有者权益（或股东权益）		
无形资产			实收资本（或股本）		
开发支出			其他权益工具		
商誉			其中：优先股		
长期待摊费用			永续债		
递延所得税资产			资本公积		
其他非流动资产			减：库存股		
——			其他综合收益		
——			盈余公积		
——			未分配利润		
非流动资产合计			所有者权益（或股东权益）合计		
资产总计			负债和所有者权益（或股东权益）总计		

第十章 财务信息披露管理

表10-2 所有者权益变动表

编制单位：　　　　　　　　　　　　　　　　　　　年度　　　　　　　　　　　　　　　　　　　单位：元

项目	本年金额							
	实收资本（或股本）	其他权益工具			资本公积	减：库存股	其他综合收益	盈余公积	未分配利润	所有者权益合计
		优先股	永续债	其他						
一、上期期末余额										
加：会计政策变更										
前期差错更正										
其他										
二、本期期初余额										
三、本期增减变动金额（减少以"-"号填列）										
（一）综合收益总额										

续表

项目	本年金额							
	实收资本（或股本）	其他权益工具			资本公积	存股	其他综合收益	盈余公积	未分配利润	所有者权益合计
		优先股	永续债	其他						
（二）所有者投入和减少资本										
1. 所有者投入资本										
2. 股份支付计入所有者权益的金额										
3. 其他										
（三）利润分配										
1. 提取盈余公积										
2. 对所有者（或股东）的分配										
3. 其他										
（四）所有者权益内部结转										

续表

项目	本年金额								所有者权益合计
	实收资本（或股本）	其他权益工具			资本公积	库存股	其他综合收益	盈余公积	未分配利润	
		优先股	永续债	其他						
1. 资本公积转增资本（或股本）										
2. 盈余公积转增资本（或股本）										
3. 盈余公积弥补亏损										
4. 设定受益计划变动额结转留存收益										
5. 其他综合收益结转留存收益										
6. 其他										
四、本期期末余额										

企业财务报告应当如实列示当期收入、成本费用和利润，并用利润表（表10-3）反映。各项收入的确认应当遵循收入准则，不得虚列或隐瞒收入，推迟或提前确认收入。各项成本费用的确定应当符合权责发生制原则的要求，不得随意改变不同会计期间确认成本费用的标准或计量方法，不得虚列、多列、少列成本费用。利润由收入减去成本费用后的净额，直接计入当期利润的利得或损失构成。不得随意调整利润的计算、分配方法，编造虚假利润。

表10-3 利润表

编制单位：　　　　　　　　年　月　　　　　　　　单位：元

项目	本期金额	上期金额
一、营业收入		
减：营业成本		
税金及附加		
销售费用		
管理费用		
研发费用		
财务费用		
其中：利息费用		
利息收入		
加：其他收益		

续表

项目	本期金额	上期金额
投资收益（损失以"-"号填列）		
其中：对联营企业和合营企业的投资收益		
以摊余成本计量的金融资产终止确认收益（损失以"-"号填列）		
净敞口套期收益（损失以"-"号填列）		
公允价值变动收益（损失以"-"号填列）		
信用减值损失（损失以"-"号填列）		
资产减值损失（损失以"-"号填列）		
资产处置收益（损失以"-"号填列）		
二、营业利润（亏损以"-"号填列）		
加：营业外收入		
减：营业外支出		
三、利润总额（亏损总额以"-"号填列）		
减：所得税费用		
四、净利润（亏损总额以"-"号填列）		
（一）持续经营净利润（净亏损以"-"号填列）		
（二）终止经营净利润（净亏损以"-"号填列）		
五、其他综合收益的税后净额		

续表

项目	本期金额	上期金额
（一）不能重分类进损益的其他综合收益		
1. 重新计量设定受益计划变动额		
2. 权益法下不能转损益的其他综合收益		
3. 其他权益工具投资公允价值变动		
4. 企业自身信用风险公允价值变动		
5. 其他		
（二）将重分类进损益的其他综合收益		
1. 权益法下可转损益的其他综合收益		
2. 其他债权投资公允价值变动		
3. 金融资产重分类计入其他综合收益的金额		
4. 其他债权投资信用减值准备		
5. 现金流量套期储备		
6. 外币财务报表折算差额		
7. 其他		
六、综合收益总额		
七、每股收益		
（一）基本每股收益（元/股）		
（二）稀释每股收益（元/股）		

企业财务报告中的现金流量表（表10-4）及现金流量表补充资料（表10-5），应当清晰界定各类事项的现金流归属，即其属于投资活动、筹资活动的现金流，还是经营活动的现金流。

表10-4　现金流量表

编制单位：　　　　　　　　　年　月　　　　　　　　　单位：元

项目	本期金额	上期金额
一、经营活动产生的现金流量		
销售商品、提供劳务收到的现金		
收到的税费返还		
收到的其他与经营活动有关的现金		
经营活动现金流入小计		
购买商品、接受劳务支付的现金		
支付给职工以及为职工支付的现金		
支付的各项税费		
支付的其他与经营活动有关的现金		
经营活动现金流出小计		
经营活动产生的现金流量净额		
二、投资活动产生的现金流量		
收回投资收到的现金		
取得投资收益所收到的现金		

续表

项目	本期金额	上期金额
处置固定资产、无形资产和其他长期资产收回的现金净额		
处置子公司及其他营业单位收到的现金净额		
收到的其他与投资活动有关的现金		
投资活动现金流入小计		
购建固定资产、无形资产和其他长期资产所支付的现金		
投资所支付的现金		
取得子公司及其他营业单位支付的现金净额		
支付的其他与投资活动有关的现金		
投资活动现金流出小计		
投资活动产生的现金流量净额		
三、筹资活动产生的现金流量		
吸收投资收到的现金		
取得借款收到的现金		
收到的其他与筹资活动有关的现金		
筹资活动现金流入小计		
偿还债务所支付的现金		
分配股利、利润或偿付利息所支付的现金		
其中：子公司支付给少数股东的股利、利润		

续表

项目	本期金额	上期金额
支付的其他与筹资活动有关的现金		
筹资活动现金流出小计		
筹资活动产生的现金流量净额		
四、汇率变动对现金及现金等价物的影响		
五、现金及现金等价物净增加额		
加：期初现金及现金等价物余额		
六、期末现金及现金等价物余额		

表10-5 现金流量表补充资料

单位：元

项目	本期金额	上期金额
一、将净利润调节为经营活动现金流量		
净利润		
加：资产减值准备		
信用损失准备		
固定资产折旧、油气资产折耗、生产性生物资产折旧		
无形资产摊销		

续表

项目	本期金额	上期金额
长期待摊费用摊销		
处置固定资产、无形资产和其他长期资产的损失（收益以"-"号填列）		
固定资产报废损失（收益以"-"号填列）		
净敞口套期损失（收益以"-"号填列）		
公允价值变动损失（收益以"-"号填列）		
财务费用（收益以"-"号填列）		
投资损失（收益以"-"号填列）		
递延所得税资产减少（增加以"-"号填列）		
递延所得税负债增加（减少以"-"号填列）		
存货的减少（增加以"-"号填列）		
经营性应收项目的减少（增加以"-"号填列）		
经营性应付项目的增加（减少以"-"号填列）		
其他		
经营活动产生的现金流量净额		
二、不涉及现金收支的重大投资和筹资活动		
债务转为资本		
一年内到期的可转换公司债券		

续表

项目	本期金额	上期金额
融资租入固定资产		
三、现金及现金等价物净变动情况		
现金的期末余额		
减：现金的期初余额		
加：现金等价物的期末余额		
减：现金等价物的期初余额		
现金及现金等价物净增加额		

　　附注也是财务报告的重要组成部分，附注中披露的信息具有解释性、补充性和建设性。随着信息使用者的日益多元化和信息使用者对会计信息充分披露的客观要求，附注的作用越来越大。附注旨在帮助信息使用者深入了解财务报表的基本内容，是企业管理层对资产负债表、利润表和现金流量表的有关内容和项目所做的说明和解释。附注的内容主要包括企业所采用的主要会计处理方法，会计处理方法的变更情况、变更原因及对财务状况和经营业绩的影响，发生的非经常性项目，一些重要报表项目的明显情况，或有事项、期后事项，以及其他对理解和分析财务报表具有重要作用的信息。

　　附注是对财务报表的补充说明，是财务会计报告体系的重要组成部分。随着经济环境的复杂化及人们对相关信息要求的提高，附注在财务会计报告体系中的地位日益突出。企业应当高度关注附注内容的填列，建立附注与财务信息的审核机制，确保附注中披露的信息具有一致性、解释性和补充性。

集团应当按照企业会计准则要求的合并范围和合并方法编制合并财务报告，如实反映集团整体的财务状况、经营成果和现金流量；同时不断提高信息化水平，尽量减少编报过程中的人为错误，确保以下重点内容合并处理时的正确性。

1. 资产负债表、所有者权益变动表的编制要点

（1）母公司对子公司权益性资本投资项目与子公司所有者权益项目应相互抵消。

（2）母公司与子公司、子公司与子公司之间发生内部债权债务项目应相互抵消。

（3）存货项目，即内部购进存货价值中包含的未实现内部销售利润应相互抵消。

（4）固定资产项目（包括固定资产原价和累计折旧项目），即内部购进固定资产价值中包含的未实现内部销售利润应相互抵消。

（5）无形资产项目，即内部购进无形资产价值包含的未实现内部销售利润应相互抵消。

2. 利润表的编制要点

（1）内部销售收入和内部销售成本项目。

（2）内部投资收益项目，包括内部利息收入与利息支出项目、内部股权投资收益项目。

（3）资产减值损失项目，即与内部交易相关的内部应收账款、存货、固定资产、无形资产等项目的资产减值损失。

（4）纳入合并范围的子公司利润分配项目。

处理上述项目时，确保所有未实现对外销售部分的内部购销、内部投资、因内部往来款所产生的减值，以及内部利润分配都处理为"没有发生"。

3. 现金流量表的编制要点

（1）母公司与子公司、子公司与子公司之间当期以现金投资或收购股权增加的投资所产生的现金流量。

（2）母公司与子公司、子公司与子公司之间当期取得投资收益收到的现金与分配股利、利润或偿付利息支付的现金。

（3）母公司与子公司、子公司与子公司之间以现金结算债权与债务所产生的现金流量。

（4）母公司与子公司、子公司与子公司之间当期销售商品所产生的现金流量。

（5）母公司与子公司、子公司与子公司之间处置固定资产、无形资产和其他长期资产收回的现金净额与购建固定资产、无形资产和其他长期资产所支付的现金。

（6）母公司与子公司、子公司与子公司之间当期发生的其他内部交易所产生的现金流量。

公司对外提供的其他财务信息，也应建立与财务报告类似的审核上报发布机制，确保与对外披露的财务报告保持一致，避免出现数据不一致或有冲突的情况。

二、财务报告或财务信息的对外披露管理

企业财务负责人应作为财务报告或财务信息对外披露的责任人。企业内部可以建立不同等级的财务信息管理机制。按照数据的重要性程度及隐私性的要求，可以划分为以下三个级别：①可供公司内部部门使用；②可供财务成本部门内部使用；③可对外上报或发布。不同级别的数据对应不同的共享范围、不同的使用权限、不同的对外发布等级，但所有财务信息均应由财务成本部门收集、整理、加工后存放在公司内部共享存储器上，并根据数据属性建立不同权限的共享文件夹，按照数据的类别进行存放，并由信息部门进行定期备份。

关于需要定期对外上报或提供财务信息的部门，应建立模块化式的定期预警机制，提醒并督促经办部门和经办人员及时完成财务信息的对外发布或上报，预警机制可以嵌入审核流程，以确保财务负责人及时审核并履行监督职责。对外提供的所有财务信息应及时归档，以备查用。

三、财务信息的分析管理

企业应当重视财务报告的分析工作，定期组织召开经营分析会，对企业阶段性的经营数据进行分析，发现数据的亮点与不足，深挖数据形成的深层原因，关注经营不足之处的改进措施。分析的维度可以涵盖以下几个方面。

（1）通过企业的资产分布、负债水平、所有者权益、资产负债率、流动比率、资产周转率等指标，分析企业的偿债能力和营运能力，以及企业的净资产增减变动，从而了解和掌握企业规模和净资产的变化趋势。

（2）企业应当分析各项收入、成本费用的构成及其增减变动情况。通过净资产收益率、每股收益等指标，分析企业的盈利能力和发展能力，了解和掌握企业利润变化的原因和发展趋势。从收入端，可以通过不同渠道、不同区域进行多维度分析；从成本端，可以通过关键成本指标对标，进行量价分析、比例分析、变动比例分析，从而不断夯实收入基础，优化成本结构，提升企业经营利润水平。

（3）企业应当分析经营活动、投资活动、筹资活动现金流量的运转情况，重点关注现金流，保证生产经营的态势正常，以及关注和确认能否满足企业不断发展壮大的需求，防止因资金短缺或闲置造成企业发展受限或资源浪费。

企业财务成本管理者应定期组织召开经营分析会，并在经营分析会中发挥主导作用，通过对财务信息的数据分析，发现亮点与不足，并形成推动经营改进的举措；对于亮点，应及时进行推广复制；对于不足，应及时制订改进方案。

针对所有的改进方案，应形成销项机制，落实改进时间、改进步骤、改进责任人和反馈节点等责任，通过销项督办计划表由专人进行跟进督办，并纳入对各责任部门的负责人的年度考核。某企业的销项督办计划表见表10-6。

表10-6　××企业经营分析会销项督办计划表

××月会议决议重点销项督办计划									
序号	工作事项/内容	级别	完成要求	完成时间	延期时间	延期原因	负责人	负责部门	方案反馈
1	收入指标追补计划方案制订	销2	由财务成本部牵头，针对预算完成率较低的情况，各渠道需要重新制订后续目标完成计划，延续原定预算的达成率；各业态针对指标缺口，制订针对性弥补方案					财务成本部/各业务部门	

续表

序号	工作事项/内容	级别	完成要求	完成时间	延期时间	延期原因	负责人	负责部门	方案反馈
			××月会议决议重点销项督办计划						
2	制订商户报价方案、各项维修费用标准	销2	针对商户服务事宜,由财务成本部牵头,启用第三方服务比价,完成商户服务方案、标准和报价,并及时进行公示					财务成本部/工程物业部/安全品质部	
3	变动成本过高的改进措施	销2	由财务成本部牵头,针对变动成本过高,且与收入不同步增减的情况,制订专项分析整改方案					财务成本部/各业务部门	
4	……								

　　企业财务成本管理者还应及时做好上传下达,同时跟进并及时反馈改进举措的实施效果,多维度、多层面评估改进方案的可行性和落地结果,从而对经营分析中发现的问题形成闭环管理,持续强化财务推动经营的角色定位。

第十一章 信息系统风险管理
——强化内控的"好工具"

第一节 企业信息化发展

企业信息化（enterprises informatization），是以业务流程的优化和重构为基础，在一定深度和广度上利用计算机技术、网络技术和数据库技术，控制和集成化管理企业生产经营活动中的各种信息，其实质上是将企业的生产过程、物料移动、事务处理、现金流动、客户交互等业务过程数字化，通过各种信息系统网络加工生成新的信息资源，提供给各层次的人们观察、洞悉各类动态业务中的一切信息，从而做出有利于生产要素组合优化的决策，使企业资源合理配置，以适应瞬息万变的市场经济竞争环境，获取最大的经济效益。信息化的过程涉及对企业管理理念的创新、管理流程的优化、管理团队的重组和管理手段的创新。

企业信息化是不断发展、完善的过程，信息化的程度需要匹配企业面临的内外部环境、发展规模、资源现状和经营痛点。从动态的维度来看，企业信息化就是企业应用信息技术及产品的过程，更准确地说，企业信息化是信息技术由局部到全局、由战术层到战略层向企业逐步渗透，并运用于流程管理、经营管理的过程。这个过程表明，信息技术于企业的应用，在空间上是一个由无到有、由点到面的过程；在时间上具有阶段性和渐进性。信息化的核心和本质是企业运用信息技术，进行隐含知识的挖掘和编码化，甚至重构业务流程的管理。

现代财务管理越来越倚重信息化发展，从财务早期的核算系统，到涵盖业务流程的企业资源计划（Enterprise Resource Planning，简称ERP），再到集团的财务共享中心，信息化成为财务管理中不可或缺的工具。同时，共享中心的搭建，使得财务成本管理部成为集团的数据中心和信息中心，这在客观上要求财务成本管理者必须成为围绕共享中心建设的信息化专家。在共享中心的建设工程中，财务成本管理者既要充分了解业务流程和管理要点，又要熟悉企业信息化构建的基本原理及信息化发展的前沿技术，从而将业务经营成果通过信息化工具，转化成通用的经营数据，提供给广大信息使用者。可以说，以信息化工具为载体，优秀的财务成本管理者必须成为从业务到数据的"翻译官"。财务成本管理者需要知道两个问题的答案：①某项业绩数据如果出了问题，到底是哪个业务环节导致的，如何改进该业务环节以提升业绩数据？②提升整体业绩数据需要在哪些业务环节发力？因此，财务成本管理者必须充分了解信息化共享中心的构建思路，协同信息部，做好所有与经营成果数据化呈现相关的系统开发。

此外，企业信息化的发展是企业不断发展壮大的必然产物。信息化可以极大地提高信息的传递效率及员工的工作效率，减少重复性的低层级劳动；可以减少工作中出现的人为计算差错，提升信息生成和传递的准确性；可以在某些方面降低人为干预因素，从而构建更为稳定、高效的内控系统。企业通过信息化建设管理可以提高企业的生产运营效率，降低运营风险和成本，从而提高企业的整体管理水平和持续经营的能力。

通常，企业信息化的发展会经历四个阶段，即基础应用阶段、关键应用阶段、扩展整合阶段和战略应用阶段。不同阶段匹配企业的不同发展水平和主要诉求。企业信息化不能一味求全求大，而应着眼于企业目前的管理水平和信息化所要达到的管理目标。

1. 基础应用阶段

在此阶段，企业主要进行的信息化应用有基础的协同OA（Office Automation的简称，即办公自动化）、财务核算软件、企业网站、简单薪资核算系统和简单的员工考勤系统等。此阶段的信息化仅仅是满足不同部门的信息化需要，各信息化应用功能简单，彼此独立。

2. 关键应用阶段

在此阶段，企业的信息化应用主要有全面会计核算、基本成本与资金管理、企业核心业务系统（采购、生产、营销、库存等）和人力资源管理系统等。此阶段信息化的特点：人和物进行了全流程的信息化管控，但各信息化部分只是简单的整合。

3. 扩展整合阶段

在此阶段，信息化应用解决了关键应用阶段信息系统未集成的问题，主要应用内容包含全程供应链应用、客户关系管理（Customer Relationship Management，简称为CRM）、产品生命周期管理（Product Lifecycle Management，简称为PLM）和电子商务等集成的ERP应用，充分打通企业信息化子系统，在产供销、人财物等各个维度实现信息共享、权限分配、综合分析、高度融合。

4. 战略应用阶段

此阶段是企业信息化应用的最高阶段。此阶段的信息化应用，着眼于通过商务智能、全面的绩效管理和随需而变的架构及机制等应用来全面体现其效益。此时的信息化不局限于企业内部，而是延伸至企业所面对的宏观、中观和微观环境，通过对大数据、区块链、5G等先进技术手段的应用，不断拓展企业信息获取的范围，从而发掘企业发展的战略机会，适应性地匹配架构和管理，扩大企业的规模，提高企业的盈利水平。

信息化的目的是企业充分开发和有效利用信息资源，把握机会，做出正确的决策，提升企业的运行效率，最终提高企业的竞争力水平。企业信息化的目的决定了企业信息化是为管理服务的。所以，企业信息化涉及的不仅仅是技术问题，更是管理问题。不论企业信息化发展处于哪个阶段，都需要与企业管理的水平相适应。企业管理的水平与企业文化、企业目标、企业制度和管理人员的水平相关，因此，企业信息化的关键是企业中的人员可以充分地将管理制度与信息化相结合，并能够坚定地把信息化执行下去。没有执行，信息化也无从谈起。所以，企业信息化的发展还需要紧扣企业的发展目标，并与企业的管理水平和人员素质相适应，与企业的发展规划、业务流程、组织结构、管理制度等充分结合，否则，信息化发展过快，则容易导致信息化执行不下去，而信息化发展太慢，又容易阻碍企业的经营发展。

第二节　信息化的风险

企业信息化发展是现代企业经营过程中必不可少的阶段，但企业在信息化发展和使用过程中还面临如下管理风险。

（1）企业管理层对信息化的理解不透彻，急于求成、盲目跟风，抱有"别人都有，我也要有""要用就用最好的"等错误思想；或是企业管理层对信息化抱着无所谓的态度，信息化建设严重滞后于企业发展，导致企业运营效率低、成本高，财务信息质量参差不齐。

企业信息化是对管理观念的一种转变和突破，企业高层需要形成统一思想，真正理解和接纳这种管理变化，在人力、物力、财力上给予信息化建设必要的支持。

（2）信息化开发的前期评估缺失或不到位，导致投资过高，产出低下；与企业管理和发展目标严重错配，导致信息化使用效率低下，无法真正提升企业的经营效率和管理水平。

（3）在信息化开发过程中，各部门沟通不畅、协同不力，导致开发进度缓慢；系统实施人员特别是核心人员流失或中途调动；信息化开发外包部分管理不到位，导致进度或效果达不到预期；开发费用严重超出预算；等等。这些都会直接影响信息化的实施效果。

（4）在应用信息化系统之前，企业必须根据岗位职责对各岗位的业务流程进行完善和优化，使信息化系统与实际业务工作相匹配，否则就会导致系统与实际脱节，形成信息孤岛，无法发挥作用。

（5）信息化的数据安全和系统安全工作不到位，导致信息数据泄露。信息化的数据安全，既涉及网络是否安全的风险，也涉及授权体系是否合理的风险。前者对应网络安全配置与病毒防范，后者对应企业内部的权限设置是否合理与流程管理在信息化层面的执行匹配度。

第三节　信息化的风险管理

信息化建设应遵循"三统一，一融合"的指导原则，即统一思想，统一标准，统一管理，充分融合。统一思想，即通过宣贯企业管理层和全体参与部门及相关人员达成对信息化的重要性、价值的客观共识；统一标准，即通过对企业流程、标准、制度的梳理和制订，统筹形成统一规范的信息化标准，从而充分发挥信息化的优势和价值；统一管理，即基于企业管理水平和管理目标，综合企业信息化发展现状，针对不同的信息化场景建设和需求，充分统筹，从而实现信息化的统一管理；充分融合，是指信息化既要与企业的管理制度、管理要求相融合，也要与集团内部各个企业相互融合，从而提高建设和运维的效率，降低建设和运维的成本。

一、信息化的需求与开发

信息化建设的需求可以从以下两个维度出发：①集团内各企业基于自身业务需求提出；②集团基于统筹业务或标准提出。无论从哪个维度提出建设需求，均应进行立项评议，由相关业务部门、信息管理部门和财务成本部，对信息化建设目标的明确性、业务需求的完整性、业务流程的规范及完备性、信息化建设的资源保证情况、项目开发过程中的需求和方案设计、系统测试及培训阶段的参与和配合情况、信息化推广及持续深化应用等方面进行综合评估。其中，财务成本管理者应重点关注预算金额、投资回报、效用评估、开发方式、开发周期、适用性和适用范围、紧急程度等。综合评估完成后方可决定是否进行该信息化项目的建设，以及何时建设、是否外包、开发顺位等。

财务成本部应会同相关业务部门和信息管理部定期复盘开发进度与预算使用情况，并对涉及财务成本部的信息建设提出明确要求。在信息化项目开发建设完成后，还应对该项信息化的应用程度做评估，包括线上业务的处理比例、数据录入的及时性与规范性、与企业内控的适配度等。

二、信息化项目的建设与管理

信息化项目的建设需要成立专门的项目小组，并以单个项目为单位，抽调相关部门人员共同组成，以确保信息化的建设满足所有使用、监督部门的业务需要。项目组需要对接收到的信息化建设需求出具信息化解决方案，并提报立项评议会进行审批。信息化解决方案中包括业务趋势分析、信息系统现状、业务建设目标、总体规划、详细方案、功能截图、软件评估、技术架构、集成架构、实施策略、项目组织、风险评估等内容。在评议会审批通过后，项目组正式启动开发工作，各部门职责范围如下。

1. 信息管理部的职责范围

（1）负责对业务部门提出的信息化需求进行评估。

（2）负责项目实施过程中的立项、需求调研、软件开发、系统测试、系统试运行、系统正式上线、组织验收等工作。

（3）负责组织或参与产品选型、招标、商务谈判、合同签订等活动。

（4）负责与各业务部门和软件供应商进行项目总协调，制订具体项目计划进度表，控制项目进度和风险。

（5）负责项目实施过程中产生的文档归档。

2. 相关业务部门和财务成本部的职能

（1）负责信息化项目需求的提交，流程、表单、报表资料的提交，以及项目方案和项目目标的确认。

（2）参与信息化项目实施过程中的立项、需求调研、软件开发、系统测试、系统试运行、系统正式上线、验收、付款等配合工作。

（3）负责信息化项目主要业务负责人，以及业务骨干、关键用户等项目合理所需人员的指派与配合。

（4）负责与信息化项目经理共同应对项目风险。

项目组通常由项目领导、项目管理、业务管理和开发管理共四个小组构成，分别负责项目总体设计、项目执行监督、业务需求管理和项目开发管理。项目组须拟定项目管理办法，办法中需明确项目组成员职责、项目进度、变更控制流程、风险分析及应对、文档管理、沟通管理、问题管理、工作规范等内容。信息化建设项目管理组织的具体分工与职责见表11-1。

表11-1　信息化建设项目组的分工与职责

分工	角色	职责
项目领导	集团管理层及集团业务部门负责人	1. 对项目重大事项进行决策； 2. 对项目进行指导及管理； 3. 负责项目方向把握及战略定位； 4. 审议项目计划、里程碑、设计蓝图等重要事项
项目领导	信息部负责人	1. 负责此项目建设工作； 2. 安排项目经理日常工作，给予方向指导； 3. 负责统筹集团及区域业务人员的时间投入
项目管理	业务负责人	1. 负责信息化项目需求提交，流程、表单、报表资料提交，以及项目方案和项目目标的确认； 2. 负责项目实施过程中业务配合工作； 3. 负责项目合理所需业务人员的指派与配合

147

续表

分工	角色	职责
项目管理	项目经理	1. 负责项目日程表和整体项目计划的控制，跟进项目进展，汇报阶段性成果，对重大问题提交决策建议； 2. 资源统筹、跨组协调、综合事务管理； 3. 负责审定并签核每个里程碑和重要阶段的实施成果报告文件
业务管理	业务骨干	1. 负责信息化项目功能需求、设计蓝图等细节并提出具体的修改意见； 2. 负责从业务专家角度对项目需求、管理流程、业务风险等给予指导； 3. 负责协助业务负责人做好信息化项目业务配合工作
业务管理	关键用户	1. 负责从使用、操作的角度对项目需求、管理流程提出意见； 2. 负责配合系统上线前的各项测试工作； 3. 培训相关业务最终用户
开发管理	产品经理	1. 负责确认需求； 2. 负责技术选型； 3. 负责确认技术方案
开发管理	实施团队	1. 参与确定优化业务流程及流程图绘制，进行具体的系统测试； 2. 负责技术配置、功能说明书编制、应用方案撰写、技术问题解决； 3. 管理系统测试，业务用户操作手册的编写； 4. 负责制订和执行开发标准、功能增强、报表开发、接口开发、系统测试等工作； 5. 负责系统安装、环境搭建、数据库管理、权限管理等工作

第十一章　信息系统风险管理

项目组须根据项目需求建立项目启动会、里程碑会议、项目周会等沟通机制，确保项目组成员、关系人之间能充分交流与沟通，保证项目管理过程有序进行。项目启动会应制订项目建设的主计划、外围开发计划、硬件环境准备计划，明确开始时间、里程碑节点和结束时间，任务时间安排应细化到周、月。

3. 完整的项目建设

完整的项目建设通常分为设计阶段、开发阶段、上线阶段、验收阶段和推广阶段。

（1）设计阶段。在此阶段，需要根据项目需求详细调研相关用户和管理层的需求，然后根据价值链进行分解，梳理出流程清单，形成管理变革点，并进行组内专题讨论，最终完成设计蓝图。设计蓝图需明确数据迁移策略、接口设计方案、权限总体设计、项目工作变革管理计划、数据收集策略，建立开发清单，编制总体设计说明书和数据库设计说明书，报送项目领导进行最终决策。

（2）开发阶段。在此阶段，需根据设计蓝图进行开发，并逐步完成系统开发、系统测试、数据测试、操作手册编写等。对于项目开发过程中遇到的问题，通过周会机制进行问题的识别、记录、研究、管理，并根据问题的重要性及项目职责，通过项目会议来解决。对项目影响的程度（如导致项目延期、改变项目目标、削弱解决方案、影响项目质量、改变模型和项目成果内容，或者增加成本）等重大问题要及时向项目领导报备，进行决策解决，不能事后提报，以免严重影响项目进度。

项目组应建立风险识别机制，对高中低不同风险等级进行明确界定，并形成不同的风险处理机制。在项目开展中，针对可能在未来某个时间点对项目有负面影响的事件或状况，评估存在风险后，要提前向项目领导报备，并提交风险解决方案。

在项目实施过程中，如果业务部门提出需求变更，项目经理需要对需求变更进行详细分析。对于影响项目的范围、排期、预算的变更，需与财务成本部和相关业务部门进行充分沟通，对于影响重大的，需重新进行立项申报。只有在变更审批通过后，方可按照变更申请方案开始后续工作。

（3）上线阶段。在完成系统正式环境搭建，开始步入正式使用前，需要做好用户培训，并完成数据切换前后完整性和准确性的检查，制订上线策略及做好切换准备，包括应急机制、问题应对机制及职责分工。在切换正式运行后，需要持续进行运行监控，形成运行总结报告，若发现问题，可以参照开发阶段问题的处理流程进行处理。

（4）验收阶段。在此阶段，要评估业务需求是否得到满足、是否需要持续完善，以及开发上线过程中的经验总结。

（5）推广阶段。在此阶段，要按照项目建设计划进行推广使用，并按照时间节点，对培训、数据、系统等逐一落实。

三、信息化的安全与防护

在信息化使用过程中，不可避免地会面对系统和网络的安全风险，以及因权限设置不当导致的信息管理风险。鉴于企业信息的重要性和保密性要求，财务成本管理者在信息安全风险管理中，应配合信息部门的相关要求，在部门内做好系统和网络的安全防护；在配置不同财务人员的权限时，要贯彻"不相容职责分离"的原则，确保权限与职务、管理层级相匹配，避免发生因信息化权限设置不当导致的各种财务风险。

1. 系统、网络风险的防护

进行系统网络风险的防护，具体措施包括以下几点。

（1）从终端到网络出口，建立由防病毒防木马软件、防火墙防病毒拦截、入侵检测系统和主机审计系统等组成的防病毒木马体系；从网络安全角度出发，部署网络防火墙，设置防入侵、防病毒等安全策略，并及时更新防病毒、防木马软件病毒库及网络安全策略。

（2）制订集团内整体网络访问控制策略与企业内网各个网络间的具体互访原则，实现网络间严格访问控制，对重要系统限制访问，提高网络访问可控性与系统安全性。

（3）对不同风险等级的系统访问建立不同的控制策略：高风险访问系统采用高等级控制策略，低风险访问系统采用低等级防护策略。

（4）在系统开发阶段，凡是涉及代码和重要信息的，开发及实施人员必须驻场，并且在甲方系统负责人的监管下完成操作，以免代码或者数据泄露。

（5）信息化系统在开发过程中，项目组要执行代码审查，如果内部测试和代码审查发现了缺陷，应及时修正程序，消除隐患。

2. 权限设置导致的风险防控

进行权限设置风险防控，具体措施包括以下几点。

（1）信息管理部应明确系统内不同用户的定位，根据不同用户的定位匹配不同的用户权限。

（2）用户权限的获取、新增或变更需要经过相关业务部门指定权限负责人（通常为部门负责人）审核后，由信息管理部进行权限配置，涉及财务信息的部分，需由财务成本部审批后方可获取。

（3）对于离职或调动的员工，需及时解除或调整该用户权限。

（4）信息系统中的用户账号被锁定或密码遗失，需遵循重新匹配权限的流程进行处理。

（5）所有的信息系统的操作均应形成完整的操作记录以用于备查。

（6）所有系统内的用户应强制每三个月更换一次密码，以降低账号被盗用的风险。对于特别重要的信息数据，可以部署企业内网，进行信息传输。

四、财务成本管理者的信息化角色

企业的运营状况、经营水平在量上的体现，都会通过财务报告或对外提供的数据信息反映出来。因此，财务成本管理者对运营状况和经营水平的把控需要落实到业务和信息化的每一个重要节点。业务的管控、经营的逻辑、包含信息化在内的内部控制和成果反馈组合在一起，形成了企业经营成果的财务现状。财务成本管理者要想通过财务数据端倒推，以实现管理水平的改善和经营成果的提升，其根本还需要落脚到业务动作和包含信息化在内的内部管理。反过来说，只有充分深入了解业务逻辑和包含信息化在内的管控关键点，财务成本管理者才能够从本质上理解财务信息端的数据构成，并提出相应的管理建议。信息化是企业内部管理的有效工具和手段之一。因此，财务成本管理者不仅要充分了解财务相关知识，同时也至少得是半个业务专家和半个信息化专家。

同时应该看到，企业信息化的发展水平通常落后于企业的现实管理需求，是管理需求在推动着信息化建设水平的提高。因此，在信息化无法满足管理需求时，如何提高员工的工作效率，并制订复核机制以确保工作成果的准确性和及时性，如何通过职责相分离的不同岗位、不同部门人员完成信息化系统所能够达成的关键管控，都需要财务成本管理者快速决策，给出相应的管理建议，从而支持企业不断适应市场变化，快速调整营销、运营策略，支撑业务创新和市场创新，保证内部管理的有效性和完整性。财务成本管理者在不断发展变化的经营管理过程中应该扮演好承前启后的角色，承营销、市场、运营，启战略、管理、内控，助力经营与坚守底线兼顾，提高效率与改善内控兼有，持续追踪改善、平衡协调。这需要财务成本管理者精通业务，熟悉包含信息化在内的所有管控点，并能够带领财务团队不断提高业务水平，深入了解业务本质，掌握信息系统管控逻辑，强化底线思维，提升沟通技巧。

第十二章 稽核管理体系的搭建
——风险管理的"压舱石"

第一节 稽核管理的概述与内容

稽核是稽查和复核的简称。稽核管理制度是内部控制制度的重要组成部分，通常是由企业运营管理部门进行自我检查、自我复核，从而发现问题并及时纠正的管理手段。当因稽核管理存有漏洞而无法发现管理问题，该问题被内部审核或者外部审计机构发现时，该企业内部的管理通常就无法被集团管理层或外部第三方审计机构所信任，因此就集团内各企业来说，稽核是单体企业内部管控最后的"压舱石"，是自我管理、自我修正、自我革新的重要管理方法。

稽核管理的目的是规范各项运营事项，保证相关政策、制度得到有效执行，管理漏项及时被发现并得到整改，从而确保企业各项风险控制在可接受的范围内。

一、稽核风险的划分

企业应对稽核风险等级进行划分，并制订应对不同等级稽核风险的措施，见表12-1。

表12-1 稽核风险的等级划分及应对措施

风险等级	定义	措施
Ⅰ级	1. 直接涉及公司资产； 2. 存在必然导致公司利益流失的各项风险点	1. 高度重视，考虑就相关事项向集团进行专项报告； 2. 若情节严重，应立即上报集团审计部门
Ⅱ级	1. 间接涉及公司资产； 2. 存在可能导致公司利益流失的各项风险点	1. 视情节轻重，再次抽查或全部检查； 2. 责令相关人员改正且抽样复查比不低于50%
Ⅲ级	其他可能存在风险的事项	责令相关人员改正且抽样复查比不低于30%

二、稽核的主责部门与范围

企业财务负责人作为企业内控的具体执行部门，应牵头人力行政部、法律管理部和各相关业务部门建立联合稽核管理体系，落实交叉稽核管理，并适时组织集团内跨企业间的业务骨干全程参与，从而确保整个稽核管理的执行专业、全面、完整。企业财务成本部内应设立稽核专岗，负责具体落实稽核管理工作。

财务成本管理者应制订定期与不定期、日常与专项相结合的，覆盖企业内部管理各个风险环节的稽核计划。定期与日常的检查项目通常为企业内部具有共识的风险环节，不定期与专项的检查项目通常因员工发现、匿名举报或集团统筹安排而进行。稽核计划通常由企业财务负责人整体制订，报批后执行。

稽核计划制订好后，应针对不同稽核项目成立联合稽核小组，通常由财务负责人担任联合稽核小组的负责人，抽调人力行政部、法律管理部的员工，并遴选相关专业的骨干员工全程参与，所选人员应确保专业胜任力

第十二章 稽核管理体系的搭建

和相对独立性。联合稽核小组的组成应符合"不相容职责分离"的原则：对应稽核事项的主体部门作为该次联合稽核小组的主责部门，只能作为项目配合部门；对应稽核事项的辅助、监督部门的相关人员不得加入联合稽核小组；部门内其他与该稽核事项无关的员工可以加入联合稽核小组。

三、稽核方法

稽核方法分为观察、询问、分析、检查、测试，联合稽核小组负责人应根据不同的稽核项目选择不同的方法予以应对。

（1）观察，指稽核人员亲临业务现场进行实地观察、检查，借以查明事实真相，取得稽核证据的一种调查方法。稽核人员应深入车间、科室、工地、仓库等地，对生产经营或现场服务管理工作的执行，财产物资的保管和利用，内部控制和规章制度的执行等进行直接观察，检查其是否符合制度要求和标准操作程序（Standard Operating Procedure，简称SOP），从而发现管理上的薄弱环节和存在的问题，借以收集书面资料以外的证据。深入实地了解业务，充分收集证据，是稽核顺利推进的关键，否则难以发现问题。

（2）询问，指对稽核过程中发现的疑点和存有问题的地方，通过口头询问或质疑的方式了解事实真相并取得口头或书面证据的一种调查方法。比如，对可疑账项或异常情况，内部控制或制度流程不合理之处，制度执行不到位等的疑问，都可以向相关业务执行人员提出口头或书面询问。对于比较重要或敏感的问题，需在询问后取得相关被询问人员的书面确认。书面确认是稽核管理的重要依据之一。

（3）分析，指通过分析被稽核项目的内容，以揭示其本质和了解其构成要素间的相互关系，并通过数据间的比对，发现异常趋势或不符之处，以便为进一步检查提供线索，取得重要稽核证据的一种调查方法。比如，与本期的有关项目相比（如利润不随产品销售收入同步增长）、把被稽核项目同其他单位的相同项目相比（如把流动资金周转水平同先进企业比），都可以说明情况，发现问题。稽核人员通常可以对可比维度的比率、趋势、钩稽关系等进行分析。

（4）检查，指在稽核过程中，针对数据分析对比存在异常的重要方面或其他疑点，按照业务流程从前到后或从后到前进行查验，从而发现管理问题的一种调查方法。比如，按照财务数据、凭证入账、原始凭证、业务单据、审批流程、业务执行的顺序逐级查验，看是否存在管理漏洞或管理失控的环节，或反之。检查可以是全面检查，也可以是针对重点项目进行抽查。全面检查排查详细，不易错漏，但耗时耗力、稽核效率较低；抽查往往目的明确，效率较高，但容易忽略未露出痕迹的管理问题。因此，在稽核过程中，应注意结合稽核项目的特点和重要内控节点，将全面检查和抽查相结合，这样既能提升稽核效率，也能有效确保稽核效果。

（5）测试，指在风险管理中，正常运行条件下，将测试数据输入内控流程，贯穿全流程和所有关键环节，把运行结果与设计要求进行对比，以发现内控流程缺陷或执行无效的方法。测试需要循序渐进达到三个目的：确认对业务流程的了解是否准确和完整（借助交易轨迹来追查每个交易种类的某笔交易，同时确认和观察有关的控制政策和程序）；评价内部控制设计（包含信息化的部分）能否及时预防或发现并纠正重大管理缺陷；确定基于内部控制的各项制度流程是否得到有效、及时的执行。

在实际稽核执行工作中，各种方法的使用不是孤立的、单一的，稽核工作要运用多种稽核方法，相互补充，相互验证，以求准确查明运营管理活动和管理活动痕迹的正确性、真实性、合理性和有效性。

第二节 稽核流程与监督整改

稽核管理工作的目的是通过稽核不断发现企业管理中存在的问题并加以改进，从而全面提升企业管理水平，提高企业的盈利能力和社会形象。

第十二章 稽核管理体系的搭建

因此,通过稽核发现的问题最终都要落脚到闭环管理,通过稽核报告这一有效载体,督促相关管理部门制订整改计划,并视稽核过程中发现管理问题的重要性水平,决定相应奖惩措施。财务成本管理者应着力于建立并持续推动稽核改善管理、提升管理的体系化闭环机制,实现财务管理的内控价值。企业稽核工作流程如图12-1所示。

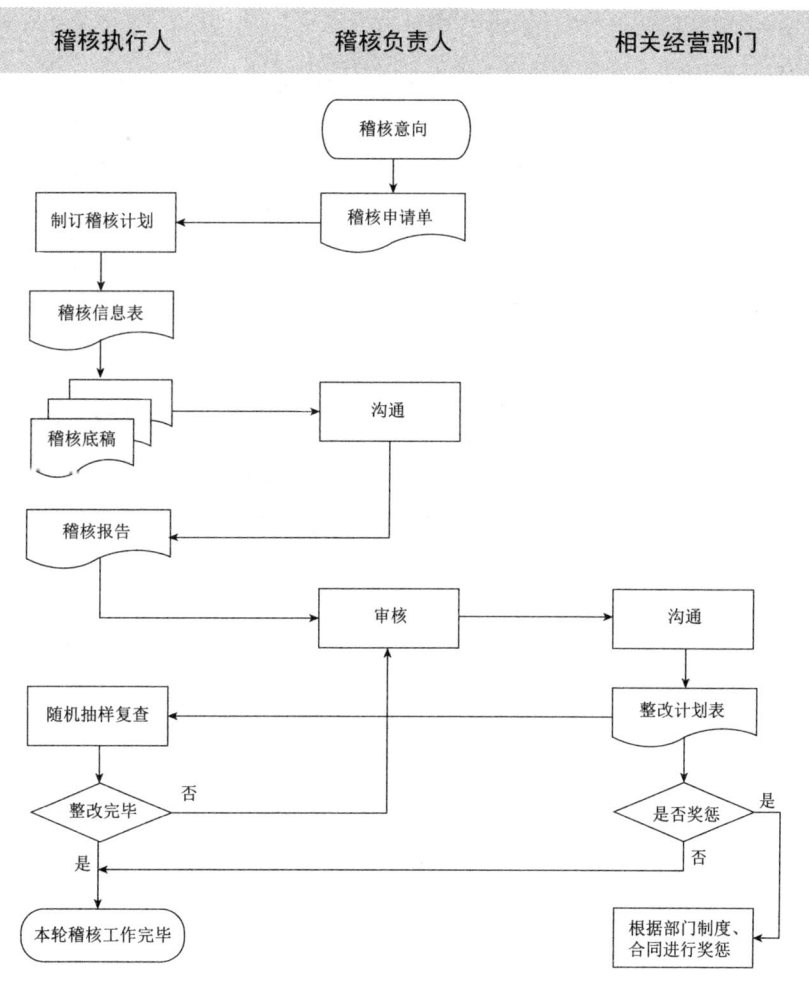

图12-1 企业稽核工作流程

第三节 稽核工作要点

稽核工作应主要围绕企业管理工作中的薄弱环节及薄弱环节的关键控制要点，从而有针对性地制订稽核工作要点，财务成本管理者应牵头将工作要点形成操作指引，方便指引稽核小组开展工作，并指导业务部门加强关键环节管理。下面以商业企业普遍存在的销售收入和招标采购这两个重要风险管控环节为例，讲述稽核在这两个风险管控环节的基本操作指引，具体到不同企业可以有针对性地结合自身管理水平和管理现状予以增加或细化。

一、销售收入的稽核要点

表12-2是某企业针对销售收入的稽核操作指引。

表12-2　××企业销售收入稽核操作指引

事项	稽核内容
日常稽核人员安排1次/月	主责部门：运营管理部 监督部门：财务成本部
日常稽核人员安排1次/月	1. 主责部门每月对责任范围内的点位进行自查，并在每月20日之前出具自查报告。 2. 细节参考《××企业收银管理规范》
专项稽核人员安排>2次/年	联合稽核小组：财务成本部、人力行政部、法律管控部
专项稽核人员安排>2次/年	对已完成的自查报告进行抽样稽核，定期出具稽核报告，上报公司总经理，并针对发现的问题提出管理建议

续表

事项	稽核内容
抽样说明	1. 每月抽样点位数不得低于在营业点位数的35%，每季度所有点位必须至少被抽样1次。 2. 每月必抽样本： （1）近2个月收入变动与客流变动成反比的点位； （2）点位收入增长率严重偏离二消收入增长率的点位
实际销售额	1. 企业内涉及双POS的点位，每月均需现场查看上个月的实际销售额。 2. 租赁点位抽查指引见《××企业商业收银管理规范》。 3. 每月抽查的商户数不低于项目总商户数的50%，且每个商户每2个月至少被抽查1次。其中重点抽查： （1）保底租金和抽成取高的商户、纯抽成租金商户（单位租金水平排名后30%的商户重点抽查）； （2）经营年限较长（2年及以上）、多次（2次及以上）续租，且租售比较高（参照不同业态水平）的商户； （3）每月25日销售额与抽成临界点相差20%以内的商户； （4）连续3个月及以上销售额与抽成临界点相差20%以内的商户； （5）商场运营期新开业的商户，开业后3个月内，每个月抽查1次
合同约定	1. 合作期间：是否在合同所约定的期间经营。 2. 经营范围：经营项目是否在合同所列明的经营范围内；商户售卖的商品品项是否经过审批且与审批金额一致。 3. 使用点位：是否在合同所约定的地点经营；临时经营场所是否有报批流程

续表

事项	稽核内容
收银环境	1. 监控画面：监控视野无死角，可以看到全店收银情况。 2. 收银安全：收银备用金、营业款、收款单据均在安全环境存放。 3. 收银方式：自收银商户是否统一使用由我方提供的POS机及我方确认的收银方式收银；禁止商户私自用现金交易或个人微信、个人支付宝等其他途径进行收银。 4. 流水监控，穿行测试，每一季度全覆盖
活动折扣	1. 活动折扣是否均已报批，且在报批期间内执行。 2. 特殊权益折扣有无登记签确记录，登记记录有无按时归档。 3. 查看折扣登记记录的真实性
其他	1. 自查底稿，按时提报并归档，做问题整改记录。 2. 经营性档案定期归档备查。 3. 其他突发现场经营风险点

二、招标采购的稽核要点

表12-3是某企业针对招标采购的稽核操作指引。

表12-3 ××企业招标采购稽核操作指引

项目	稽核内容
日常稽核人员安排4次/年	主责部门：合同有关部门 监督部门：财务成本部、法律管控部
	单项招采工作的计划性，合作供方履约情况的复盘，保留工作记录，按时存档

续表

项目		稽核内容
专项稽核人员安排>2次/年		联合稽核小组：财务成本部、人力行政部、法律管控部
		不定期对年框合同的执行情况和年框合作供方的履约情况进行复盘，测试采购订单执行的合理性和合规性
项目招采	供方入库程序	1. 单个项目入围供方是否存在关联关系（使用天眼查等企业信息查询系统）。 2. 单个项目供方来源不得单一（入围供方来源必须多元化，即推荐供方部门不得为同一个部门）。 3. 入库资料真实、准确及完整。具体可参照集团业务成本部发布的《××企业运营供应商管理规定》进行抽检
	零星、紧急采购	1. 是否存在恶意拆单逃避项目招采（同品类项目采买总金额超过2万元的拆分成多个低于2万元的项目分批进行零采）。 2. 未能提前计划，致使项目本应进行招采而因时间紧迫被动变成紧急采购
	项目招采过程	1. 回标IP、盖章习惯、标书填写习惯是否存在围串标的可能。 2. 招采过程是否合规。 3. 合同是否存在超期用印的情况
	档案管理	在供应商、采购、合同、变更、结算等成本管理过程中是否形成有保存价值的文字、图纸、声像等资料，并存档管理

续表

项目		稽核内容
项目执行	单项合同	1. 是否按照合同清单及要求执行。 2. 合同签订后是否在合同约定期内完成项目或完成送货。 3. 针对合同变更项是否按制度完成变更流程
	年框合同	1. 单次采购时是否进行立项汇报及订单确认。 2. 是否按照合同约定进行过程性管理及验收。 3. 针对合同变更项是否按制度完成变更流程
项目验收		1. 检查验收资料的齐全性：电子资料是否按时存档；纸质资料记录是否完备。 2. 根据《××企业运营成本类合同验收管理办法》《××企业联合验收评价管理办法》对验收环节进行抽样复盘

通过对不同稽核项目重点风险进行梳理形成的稽核操作指引，需要财务成本管理者不断根据企业的经营环境、经营状况的变化及时进行调整。同样的业务流程，在不同的环境、企业的不同发展阶段和不同应对状况下，其面对的风险种类、风险要点、针对性的管控逻辑都在不断发生变化。因此，稽核管理是一项不断变化、不断完善、不断发展的管理工作，需要财务成本管理者了解市场、贴近业务、发现问题，并采取针对性的稽核应对措施。针对发现的管理问题，财务成本管理者要兼顾效率与效果，提出可实施的管理建议，做好企业内部管理的"看门人"。

第四篇　提升财务风险管理能力

　　包括财务风险管理在内，任何事情要想做成、做好，最大的因素就是"人"。如何快速提升企业内各级财务成本管理者包括风险管理能力、沟通能力、协调能力等在内的综合管理水平，是财务风险管理成败的决定性因素。通过财务数据与非数据的呈现与分析，凝聚管理层的共识，推动企业自上而下树立风险管理意识，建立包括财务风险在内的风险应对体系，是财务成本管理者不可推卸的责任。

　　随着企业的发展和壮大，越来越多的财务风险管理难题出现在财务成本管理者的面前。财务成本管理者不仅需要建立不同层级的财务风险管理体系，还需要借助新技术和信息化发展的成果，提高信息传递的效率，加大财务风险管理的深度，降低财务风险管理的难度，提升财务风险管理的水平。集团层面财务共享服务中心的出现，使财务成本管理者有了有效应对财务风险的"工具"。

　　本篇分别从"人"和"工具"两个方面，阐述如何提升企业的财务风险管理能力。

第十三章 财务管理者如何提升风险管理能力

第一节 风险管理的全员参与

风险管理能力是高层财务成本管理者必须具备的能力，但风险管理能力不是一蹴而就的，而是基于战略、市场、经营、内控等多维度进行的系统性的能力构建，需要在深入业务、熟悉市场、理解经营的基础上，日积月累、不断精进而形成的复合型意识体系。不同层级的财务工作者都会或多或少涉及风险管理的工作内容：基层财务工作者主要是在执行层面涉及风险管理，如监督业务是否符合法律法规、公司制度等；中层财务成本管理者往往更关注合同风险、税务风险、内控风险等不同维度的风险，以及对基层管理者风险管理意识的培养；而高层财务成本管理者更注重战略风险、经营风险、市场风险、投融资风险等更为宏观的风险。优秀的财务成本管理者必然既注重细节，也关注整体；既了解实际业务需求和困境，又能够通过体系化的调整解决实际问题；既能够做好风险管理，也能够提升组织效率。能做到以上这些必然要求财务成本管理者要脚踏实地走好财务晋级之路，要不断更新管理知识体系，更好地应对企业和社会不断变化发展对管理产生的需求。

此外，财务成本管理者也要充分意识到：风险管理是在企业高层带领下的整个企业的风险管理行为，仅靠财务成本部一个部门是无法完成的。因此，财务成本管理者不仅要关注企业整体风险管理体系的监督和执行，还要着力于调动企业内所有员工的风险管理意识，提升其风险管理能力。

调动企业所有员工参与风险管理，及时发现风险，从而避免企业利益遭受损失，这不仅需要建立风险防范体系，还需要不断强化所有企业员工的风险管理意识，提升员工的风险管理能力。

第二节　风险管理思维的培养

在风险管理方面，财务成本管理者作为企业风险防控政策的制定者和执行者，应与企业其他管理者充分沟通，提出合理化的风险管理建议，并贯彻执行企业高层的风险管理意志。财务成本管理者的风险管理工作内容可以概括为"防风险，建制度，守底线，对内团结队伍，对外树立权威"。

（1）防风险，即管理企业所面临的各种风险，包括外部风险和内部风险。外部风险主要包括政治风险、法律风险、社会文化风险、自然环境风险、市场风险、产业风险等；内部风险主要包括战略风险、运营风险、操作风险和财务风险等。

（2）建制度，指财务成本管理者应通过制度化的流程和预案，对企业面临的风险进行管控。制度或预案的设计要符合企业的实际需求和适应企业面对的内外环境，要兼顾效果和效率，既不能管控过多，导致管理效率低下或管理沟通形式化，也不能对管理漏洞视而不见。好的制度体系要能够推动企业适应环境、改善管理、不断发展。

（3）守底线。从职业守则来说，"不做假账"是对会计从业人员的基本要求，也是会计从业人员恪守的底线。不做假账，指财务从业者既不作假，在发现弄虚作假时还要予以制止，不能让不真实的交易或信息体现在企业的财务数据中。这不仅要求财务成本管理者本人要以身作则，做到"君子慎独"，还要通过自身的言传身教和严格管理，要求所有下属洁身自爱，走好自己的职业生涯之路。

（4）对内团结队伍，指财务成本管理者应团结不同部门、不同行业的伙伴，一起为共同的目标而努力。财务作为信息的中枢、资金的管理者，不可避免地要和企业内外形形色色的人打交道。财务成本管理者应秉持"成就彼此、保护同伴、助力经营"的风险管理意识。现代企业管理越来越要求财务成为经营的坚实伙伴：在经营管理上能够助力经营；在风险管理方面能够保护好伙伴，与所有伙伴相互成就。纵然，财务工作需要严谨的态度，但是与形形色色的人打交道，还需要灵活应对，在做好内控、守好底线的同时，更多地提供帮助和服务。

（5）对外树立权威，指财务成本管理者通过细致、可靠的工作表现，树立可信的职业形象，从而形成对外发声的威信。一方面，权威的树立建立在严谨、细致、全面的基础上，只有懂业务、懂信息、懂市场，并能够结合财务数据将问题和结果呈现出来，才能在发表意见和建议时真正做到掷地有声；另一方面，财务成本管理者要作风正派，对企业绝对忠诚，建立并完善与财务相关的内控制度，及时发现并制止损害企业利益的行为，并在需要时，协助集团审计部门做好相关数据的提供，做企业利益的坚定维护者。

财务成本管理者不仅应参与制订企业风险管理体系，监督体系运行状况，并不断根据企业面临的风险进行调整，还应成为风险管理体系的培训师，不仅要在部门内部进行风险防范思维和风险管理能力的培训，还应对企业内所有部门进行风险管理意识和风险管理能力的宣贯，使企业形成全员参与、体系化、制度化的风险闭环管理。增强风险意识最有力的方法，就是让企业全体人员充分理解风险管理是每个人工作内容的一部分，并且薪酬和奖励是与每个人的表现相关联的。尤其要夯实各部门负责人的风险管理责任，将各部门负责人的风险管理能力考核与薪酬制度和人事制度相结合，有利于增强各级管理人员特别是高级管理人员的风险防范意识，防止盲目扩张、片面追求业绩、忽视风险等行为的发生。对于企业内的其他员工，应大力培育和塑造良好的风险管理文化，树立正确的风险管理理念，增强风险管理意识，将风险管理意识转化为员工的共同认识和自觉行动，保障企业风险管理目标的实现。

风险管理体系体现企业管理者的风险管理逻辑，是企业管理者应对企业风险的思维逻辑体现。面对同样的风险，不同的管理者可能有不同的风险管理应对策略：有的管理者偏好高风险，愿意为了更高的收益承担较大的风险；有的管理者偏好低风险，愿意承担相对较小的风险，获取稳健的投资回报。不同的风险管理体系应和管理者的风险偏好和企业所面临的不同风险状况相适应。不论管理者的风险偏好如何，承担的风险都应与获得的收益相匹配，一味强调可能的收益或对风险的绝对管理都是不可取的。尤其是完成应对某重大风险事项后，财务成本管理者应及时组织企业进行复盘工作，评估风险应对的策略和预案是否与该事项匹配，是否取得了相匹配的收益，抑或错过了发展的契机，是否及时加以纠正。

第三节　风险管理能力的提升

风险管理是财务成本部的工作内容之一，不同层级的财务人员面对的风险不尽相同，因此对相应的风险管理能力的要求也不一样。

一、对基层财务人员的风险管理能力的要求

基层财务人员需要加强专业知识的学习和深入了解企业制度和流程，并要知其所以然：企业为何要制订这些制度和流程？每一步骤的关键管控点在哪里？这些关键管控点如果缺失会发生何种风险？是否可以用更有效率的管理方法替代？多思考，多询问，并对执行过程中发现的疑问及时向上级汇报。

二、对中层财务成本管理者的风险管理能力的要求

中层财务成本管理者已经具备充分的专业知识和对企业的深入了解，

需要的是发现问题、解决问题的能力，以及协调沟通的能力和优秀的写作能力。

（1）中层财务成本管理者起着承上启下的作用，且承担着企业内的基础管理工作，需要不断反馈在业务执行中发现的问题，并提供管理建议供领导决策。发现问题的前提是对业务的深入了解。财务成本管理者只有了解基础业务，才能在数据上做出正确的判断，并对其中存在的风险进行有效管理，如果只是单纯进行从数据到数据的分析是无法做出合理判断的。比如，每个生产型企业都有机器设备，机器设备全年的维护保养费用是否合理？维护保养是否按照维保手册进行操作？机器设备维保所使用的备品、备件的领用是否合理？对于金额较高的备件是否严格执行了以旧换新？替换下来的旧件是否已重新入库等待集中处理？……这些都需要财务管理者在充分了解业务的基础上做出判断：是维持现有的管理框架还是增加关键节点管理？抑或提高管理效率？

深入了解业务有以下途径：学习业务专业知识，与业务条线上的岗位交叉轮岗，与业务条线上的同事进行交流，实地检查并测试，等等。除此之外，让业务的每个动作留痕，并逐步形成完整的日志记录或数据信息也是学习业务知识和为后期稽核佐证的有力武器。

（2）中层财务成本管理者需要具备优秀的写作能力和沟通能力。无论是书面汇报、发布通知、制订制度、撰写流程、搭建体系均需要以文字为载体，通知到企业内的各个部门。写作中的标准、措辞、逻辑、结构等是呈现写作者思想的重要因素，因此，中层财务成本管理者应努力提升写作水平。

写作和沟通能力的提高，是一个需要长年累月积累和磨炼的过程。阅读政府工作报告等公文，学习公文的用词和结构，可以培养公文写作的文风、语感。阅读政府工作报告，不光要读，还要用脑记，因为政府工作报告用词凝练、庄重、措辞严谨、层层递进、信息密集，并且涉及社会、经济、民生、政治、科教文卫等方方面面。通过对政府工作报告中不同关键词及用词先后顺序的准确理解和记忆,能够显著提高财务成本管理者的撰写水平和用词的准确性。

有些企业的业务部门不时抱怨:财务部门总说"不",甚至不支持业务开展。作为财务成本管理者,要着力于改变其他部门对财务部门的这种负面印象,要与业务部门在财务风险管理方面进行合作,获得共赢。财务成本管理者还必须具备优秀的沟通能力,能够与业务部门进行有效沟通。沟通和有效沟通是两个不同的概念,沟通是交流,而有效沟通是善意的、高效的交流。在沟通前,应学会看别人的长处,忽略别人的短处,了解别人和自己的需求。在沟通过程中,要诚恳、真实。"知之为知之,不知为不知,是知也",因此,不知道或不确定的事最好别说,而知道的事也要设身处地站在他人的角度,考虑哪些该说,哪些不该说,哪些先说,哪些后说。归根结底,就是与人为善、互利合作,高调做事、低调做人,成就别人的同时才能成就自己。

(3)中层财务成本管理者应聚焦对企业内人、财、物、信息方面风险管理能力的提升。

关于人的风险,需主要关注是否存在企业内部的贪污舞弊行为,不但在选用基层财务人员时应关注人的道德品质,杜绝监守自盗,在与企业内其他部门打交道时也要对业务执行环节的内控薄弱之处了然于胸,并调派人手加大对关键点的风险管理力度,通过定期、不定期,不同手段、不同方法进行事中监督和事后稽核。

财,指资金。物,指资产。信息,包括数据信息和非数据信息。中层财务成本管理者应重点关注资金、资产、信息方面的风险,建立联合检查、交叉复核的风险管理机制,压实业务部门负责人的主体管理责任,通过内控的设计、完善、执行、监督,管好企业的财、物和信息。在内控暂时无法完善的环节,加强检查管理力度,防范管理风险。

三、对高层财务成本管理者的风险管理能力的要求

高层财务成本管理者是风险管理体系的设计师，除了要及时纠正执行层出现的风险管理问题，还要对外关注企业的战略风险、投融资风险、经营风险，对内塑造企业整体风险管理氛围，凝聚共识。

对外，高层财务成本管理者需要对政治、经济有深刻的理解，不仅能准确吃透与企业有关的经济政策内涵，还要能透过现象看本质，既能预见政策颁布后的行业趋势，也能够理解政策背后的政治意图，从而为企业战略的达成提出切实可行的经营建议。

高层财务成本管理者需要对企业所处的宏观、中观、微观环境，以及产业和人性有深刻的了解。

1. 宏观环境

宏观环境，一般包括企业所面对的政治与法律因素、经济因素、社会与文化因素、技术因素。

（1）政治与法律因素，指那些制约和影响企业的政治要素与法律环境，以及其运行状态。政治要素包括国家的政治制度、权力机构、颁布的方针政策、政治团体和政治形势等。法律环境包括国家的法律法规，以及国家的行业规章等。这两方面是保障企业生产经营活动的基本条件。若当地的政治与法律环境稳定，企业就能够长期稳定发展，能够通过公平竞争获得正当权益；若当地政治与法律环境不够稳定，企业的生产经营就面临较大的不确定性。国家的政策法规对不同企业的影响是不一样的。

（2）经济因素，指构成企业生存和发展的社会经济状况和国家的经济政策，包括社会经济结构、经济发展水平、经济体制和宏观经济政策。经济因素对企业的影响更为直接。我们在评价经济因素时要用发展的眼光予以评价。例如，中国出口的手机、汽车等在非洲、东南亚的市场占有率相对较高，在欧美的市场占有率相对较低，这显然是受到出口地社会经济结构和经济发展水平的影响。企业选择所在市场的经济因素制约或推动了企业在目前条件下的发展。

（3）社会与文化因素，指企业所处的社会结构、社会风俗与习惯、信仰与价值观念、生活方式和文化传统等。社会与文化因素对企业生产经营的影响也是显而易见的。例如，人口规模、社会人口年龄结构、家庭人口结构、社会风俗对消费者偏好等的影响，是企业在判断投资方向、产品改进与革新等重大经营决策上能否拥有竞争优势时所必须考虑的因素。

比如，目前大量涌现的电商巨头公司，基本上都是基于线上线下融合产生，这一商业方式的兴起就是抓住了人们的生活节奏日益变快这一特点。人们倾向于利用碎片化时间进行线上消费，既节约了时间，也节约了购销双方的成本，因而这一方式能够得到蓬勃发展。对于企业所处的行业和生产的产品是否适应所在市场的社会与文化环境的变化，并具有预判性是判断企业未来市场潜力的重要因素。

（4）技术因素，指企业所处环境中的科技要素，以及与该要素直接相关的各种社会现象的集合，包括国家科技体制、科技政策、科技水平和科技发展趋势等。在科技是第一生产力的今天，技术对企业的影响可能是决定性的。在宏观层面，科技发展到目前阶段，各专业深度融合，某一项科技的突破往往依赖于众多基础科学的发展。在行业内部，市场和行业内外部的技术趋势会对企业战略产生重大影响，某个特定行业内的技术水平在很大程度上决定了企业的产品特性及与之相匹配的经营管理方式。因此，了解企业所处技术环境是判断企业未来发展潜力及面临的风险的又一重要因素。

2. 中观环境

中观环境，既包括企业所属行业或所跨行业中企业的竞争力，又包括企业所属行业内的竞争态势和竞争要素。竞争所带来的风险是无时无刻不存在的，企业既面临现有竞争对手的竞争，也面临潜在竞争对手和替代商品的竞争。竞争的要素包括以下几个方面。

（1）产品，即企业产品在市场上的地位，产品的适销性，以及产品系列的宽度与深度，各产品在企业中的销售占比及销售增长率。

（2）渠道，即企业销售渠道的广度与深度，销售渠道的效率与实力，销售渠道的服务能力，尤其关注市场重合区域、竞争对手的市场占有率对比，以及渠道商的反馈信息。

（3）营销，即企业市场营销组合的水平，市场调研与新产品开发的能力，销售队伍的培训与技能。

（4）生产与经营，即企业的生产规模与生产成本水平，设施与设备的技术先进性与使用的灵活性，专利与专有技术，生产能力的扩展，质量控制与成本率、费用率，区位优势，员工状况，原材料的来源与成本，纵向整合程度。

（5）研发能力，即企业内部在产品、工艺、基础研究、仿制等方面所具有的研究与开发能力，研究与开发人员的创造性、可靠性，以及简化能力等方面的素质与技能，企业对研发的重视程度，研发费用在年销售收入中的比重等。

（6）资金实力，即企业的资金结构、筹资能力、现金流量、资信度、财务比率和财务管理能力。

（7）组织，即企业组织成员价值观的一致性与目标的明确性，组织结构与企业策略的一致性，组织结构与信息传递效率，组织对环境因素变化的适应性与反应程度，组织成员的素质。

3. 微观环境

微观环境，指企业自身的优劣势，包括企业的资源和核心竞争力。企业的资源主要包括有形资源、无形资源和人力资源，但核心在于如何发掘、获取企业的稀缺性资源。稀缺性资源可以让企业在市场上具有话语权。但企业仅有稀缺性资源，也不一定确实能形成核心竞争力。核心竞争力指的是企业能够在具有重要竞争意义的经营活动中比其竞争对手做得更好的能力。企业核心竞争力的产生是企业中各个不同部分有效组合的结果，是资源整合的结果，对企业的竞争力起着至关重要的作用，是企业持续竞争优势的源泉。核心竞争力具有三个特征：①有助于实现顾客所看重的价值；②是竞争对手难以模仿和替代的，故而能取得竞争优势；③具有持久性，一方面保有企业竞争优势的持续性，另一方面又使核心竞争力具有一定的刚性。

只有充分了解企业所处的宏观、中观、微观三个层面的环境，才能构筑企业面临的各项外部风险框架，并建立风险管理体系予以应对。

4. 产业和人性

高层财务成本管理者还应该充分了解产业，了解消费者和消费者的切实需求，既要懂市场，也要懂人性。

（1）产业是社会分工和生产力不断发展的产物，随着社会分工的产生而产生，并随着社会分工的发展而发展。在中国，产业的划分如下：第一产业包括农、林、牧、渔业；第二产业包括采矿业、制造业、电力、热力、燃气、水生产和供应业及建筑业；第三产业即服务业，是指除第一产业、第二产业以外的其他行业。高层财务成本管理者要充分了解产业：小到能够深刻理解企业所面对的市场发展趋势、关键发展要素，从而预测企业未来发展的战略机会和管理风险，大到能够明白一个行业乃至一个国家的经济运行规律，以及国与国之间的竞争态势和此消彼长的变化趋势，从而为企业经营的拓展、市场的开拓、风险的应对提供充分依据。

（2）人性，其实就四个字——"趋利避害"。如何真正切中消费者的痛点，塑造独有的产品或服务体系，让消费者或潜在消费者获得"利益"，减少"顾虑"，是企业塑造产品时成败的关键。产品塑造得成功与否的指标是产品力，即产品对目标消费者的吸引力，主要从产品品质、价格、创新等层面来体现。换言之，产品力就是一种通过满足消费者的欲望和需求，使之产生购买欲的能力。在充分竞争的市场中，产品力是企业竞争的根本：企业营销再厉害，也无法推销好没有产品力的产品；企业创新力再强，可创新的如果不是消费者真正需要的产品，也不会带来丰厚的回报。只有深刻理解消费者及其需求的企业，才能够提供符合市场需求的产品或服务；只有深刻理解人性的管理者，才能够清晰定义未来的市场方向，预测企业可能面临的内外风险，及时调整风险应对策略，确保企业持续经营、稳健发展、风险可控。

（3）高层财务成本管理者作为管理层的最高决策小组成员，需要凝聚共识，顺势而为。顺势而为并不是不争取、随大流，而是要顺应事情本身的发展规律来做事情，即使暂时没有形成共识，管理者也要学会借势造势，推动达成共识。风险管理是企业各个经营部门共同参与而形成的管理体系，某一维度的风险管理方案如果没有和大多数决策者达成共识，各个部门就无法在风险管理上形成合力，就很难有效推进管理举措并产生相应的管理效果。

不同层级的财务成本管理者需要在思维和能力两个方面不断提升自我，积极推进风险管理机制的调整、完善，准确、及时、有效地应对企业不同阶段、不同时期所面临的各种风险，确保企业战略的有效达成。

第十四章 财务共享服务中心
——业财管理的新起点

从各行业的发展来看，尽管不同行业有其自身的发展周期，但都不可避免地会进入行业发展的成熟期。进入成熟期后，市场趋于饱和，行业整体销售额难以大幅增长，行业内各企业竞争异常激烈。在这个阶段，企业要么通过多元化发展寻找利润增长点，要么提升自身的各项管理水平，包括产品质量、销售渠道、成本管理等方面，从而在行业内不断扩大市场份额，提升盈利水平，否则在行业进入衰退期后企业将面临更大的经营风险。另外，有些企业发展到一定阶段，规模不断扩大，可能逐步形成"集团—下属企业（或门店）"两级组织架构，甚至可能形成"集团—区域集团—下属企业（或门店）"三级组织架构。在庞大的组织架构面前，如何统一步调、传递信息、形成合力，既能有效且精细化地管理各下属企业（或门店），又能充分、及时调动各下属企业（或门店）面对市场时的灵活性和积极性，并且如何确保各下属企业（或门店）的经营成果得到标准统一、结果可比的准确反映，也不是件容易的事。

尽管《企业会计准则》已经对我们如何进行财务处理进行了比较细致和准确的规范，但是仍旧存在大量需要财务人员判断和理解的事项。对于同一业务，不同水平的财务人员的理解不同，甚至可能存在下属企业（或门店）为了达到考核标准的目的，在合理范围内人为调节财务报表的行为。比如，大量投入的市场营销费用，到了期末如果都没有结算，那么到底应该计提多少费用呢？将集团内所有企业的业务处理标准进行统一，提升业务处理效率，确保所有下属企业（或门店）的业绩可比，尽量减少业绩误差，始终是个需要解决的难题。上述难题是否有解决方法呢？

第一节 财务共享中心的发展

随着发票形式的变化，影像技术及人工智能等新技术的发展，以及智慧型财务理念的提出，财务共享服务中心（以下简称为"共享中心"）应运而生。

20世纪80年代初，美国福特汽车公司建立了第一个共享中心。到目前为止，世界500强企业中已经有95%的企业建立了共享中心。而在我国，自2014年起，一些大型企业、连锁企业，比如华润、首创、华电、中车、万达等纷纷开始建立共享中心。

共享中心是基于商业的管理会计、人工智能的财务处理和业财一体化的智能财务服务，并充分应用信息化技术成果搭建而成的智能财务共享平台，见图14-1。

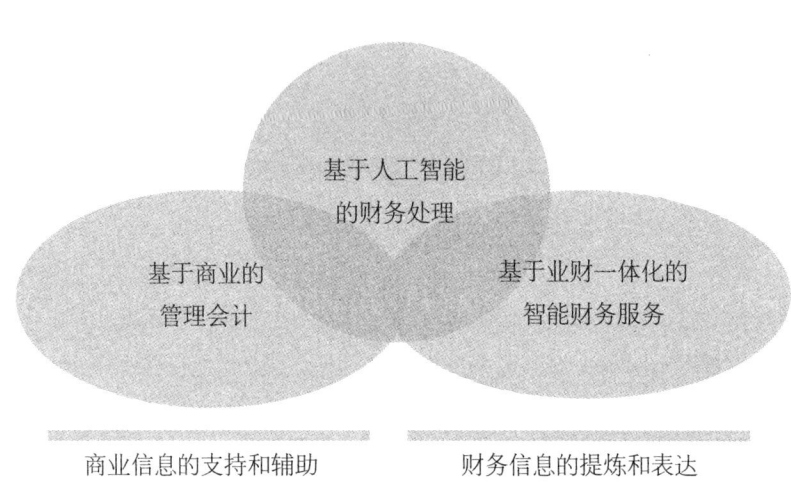

图14-1 智能财务共享平台

第二节 共享中心的建设

一、共享中心的建设工程

共享中心的建设至少需要完成四项再造工程，它们分别是管理理念再造、组织架构再造、业务流程再造和信息系统再造。

（1）管理理念再造，主要指的是各级管理层的管理理念的更新，包括对自身在共享中心中的重新定位，并实现对共享中心建设的大力支持。

（2）组织架构再造，主要指的是集团、区域公司及下属企业（或门店）各自职责的重新定位，即下属企业（或门店）专注于经营，集团或区域公司专注于服务与赋能。具体到财务职能来说，下属企业（或门店）的财务作为BP（Business Partner的简称，即业务伙伴），不再从事财务基础性工作，所有财务基础性工作，如招采、记账、报税、支付、存档等，由承担财务服务职能的集团财务承担。

（3）业务流程再造，指的是业务流程的重塑，并在集团内实现标准化和再优化，笔者目前在N集团做共享中心开发工作，预计将重构集团内17项流程的SOP（Standard Operation Procedure的简称，即标准作业程序）制度，合计编写近30万字。业务流程的再造对每位员工来说都意味着操作习惯和工作感受将产生较大变化。

（4）信息系统再造，指的是共享中心需要有前瞻性的整体规划，并需充分采用新技术，整合、完善集团内分散的业务系统，建设共享平台和大数据中心，实现业财数据的充分交互，使得财务高效、业务便捷、信息前瞻。

总之，共享中心的建设是对理念、流程、技术、组织的一次变革，这四项变革相互交织，互相促进，最终贯通业财流程，实现场景驱动、数据驱动、平台驱动的商业生态。

二、共享中心的信息系统架构

共享中心的信息系统架构分为业务层、账务层、通讯层、报表层和管理层。N集团共享中心的信息系统架构如图14-2。

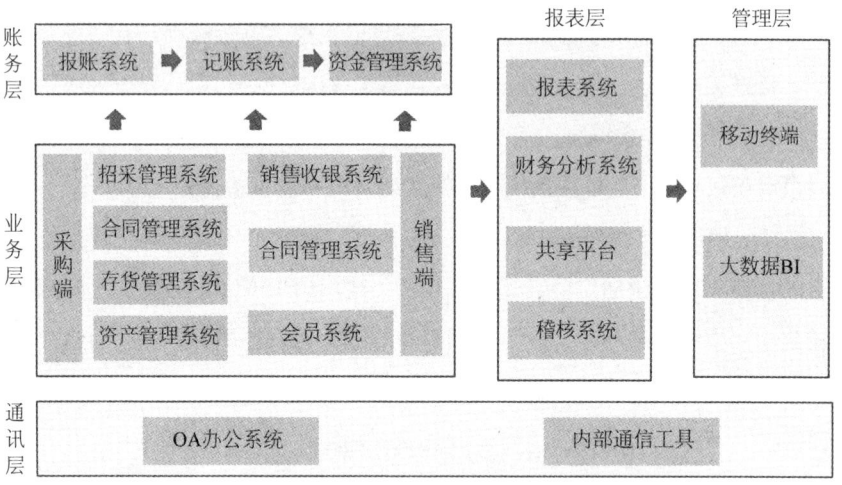

图14-2　N集团共享中心信息系统架构

（1）业务层分为采购端和销售端，采购端包括招采管理系统、合同管理系统、存货管理系统和资产管理系统等。销售端包括销售收银系统、合同管理系统（较少）和会员系统等。

①招采管理系统包括招标采购系统和企业内部商城。招标采购系统可实现采购过程及结果公开、透明，实时在线审计监督，做强集采优势，挖掘降本增效潜力，通过技术手段促使招采指标达成。企业内部商城可围绕企业上下游资源，建立核心材料设备品牌、规格、型号的矩阵，从而形成行业内的电商平台，实现标准品一键式采购，各下属企业（或门店）一键下单，系统自动计算交期，结算付款。

②合同管理系统可以实现合同从起草、审批、电子签约、履约、结

算、付款到台账信息的实时追踪，无缝衔接招采和履约评估。

③存货管理系统和资产管理系统可以在传统进销存管理的基础上，针对贵重设备或材料，叠加RFID（Radio Frequency Identification的简称，即射频识别技术）等物联网技术，实时监控企业重要设备的状态、贵重材料的流转等信息，强化企业对"物"的管理。

④销售收银系统是最为复杂的业务系统，它连接客户与企业，是企业实现销售流转的信息化平台，销售收银系统的搭建可以有效降低销售中可能存在的虚假销售和徇私舞弊的风险。

⑤会员系统可打通线上、线下销售，它以用户为中心，构建高效的会员用户体系，增强复购，深挖顾客需求，创新品牌营销，形成企业的私域流量，降低企业对营销的个人依赖。会员体系中的裂变式营销可以有效降低营销成本，形成企业自有且稳定的销售渠道。

（2）账务层方面，业务层的数据被实时推送至账务层，通过报账系统、记账系统、资金系统、发票系统、税务系统等，可以实现账务的自动化处理，以及大量财务人员的优化或转型。而资金管理系统可以实现银企直联和资金的自动归集、集中支付。

（3）通讯层包括OA办公系统和内部通信工具。OA办公系统作为企业内部分层管理和信息沟通的工具，可以实现不同层级管理人员的管理门户和集团对内、对外信息传递的统一出口。内部沟通工具叠加集团专网架设，可以实现内部沟通信息安全、稳定的传输，同时所有沟通信息均可追溯查询。

（4）报表层包括报表系统、财务分析系统、共享平台和稽核系统。

①报表系统自动对接记账系统，生成财务报表和附注。

②财务分析系统连接所有系统的数据源，支持排序、统计、分组统计等多维度、多层次、自定义的数据呈现，并对数据进行穿透式、联动式分析，深挖数据价值，洞察问题本质。

③共享平台是整个共享信息化架构中的主数据中心和作业中心，它既

可以整合各系统数据，建立集团内统一、完整、准确、权威的主数据分发模块和作业派单机制，还可以作为电子档案库，实现财务凭证和所有档案的无纸化管理。

④稽核系统可以在后台实时监控异常交易行为和业财数据，通过AI（Artificial Intelligence的简称，即人工智能）不断迭代，不断优化，从而给稽核工作提供切入点和突破口。

（5）管理层包括移动终端和大数据BI。移动终端可以提供一站式服务，对各经营单位实现"股票化"管理，实时展示经营业绩、经营指标、业绩排名、财务报表、动态资讯、请示发起、报销入口、事项审批等，从而实现管理层"一机管经营"，提升管理效率和管理质量。大数据BI是数据的处理中心和价值提取中心，它提供了信息整合能力、运营协同能力和高层管理决策的支撑能力，实现了企业级数据平台的构建。W集团数据平台如图14-3。

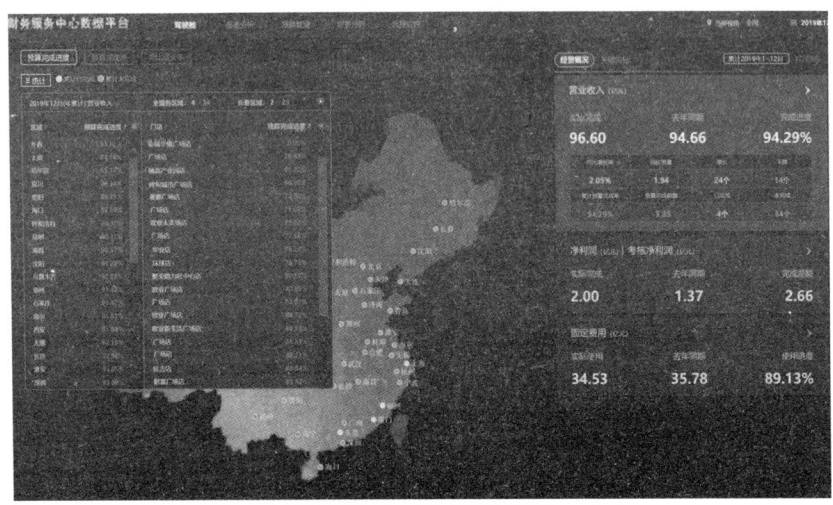

图14-3　W集团数据平台

当然，不同的公司根据自身的具体情况，还可以在共享中心搭建其他功能模块，如人力资源模块，涵盖所有员工的全生命周期管理，包括入职、离职、考勤、薪酬、请休假、考核、评级、晋升、奖惩等全自动处理。对于高周转的行业来说，还可以在共享中心搭建计划模块，将重大工程或事件，从设计、建造到交付全程进行节点化管理，在APP云端监控施工质量和进度，实现标准化验收和交付，确保企业重大工程或事件按时保质完成。

三、共享中心的建设需具备充分的前瞻性

共享中心的建设在管理和技术方面都需具备充分的前瞻性。管理方面的前瞻包括：不断提升平台处理的质量，提高日常处理效率；不断完善与信息化相融合的激励机制，提升员工的积极性；不断优化业务操作流程，提升业务平滑度。技术方面的前瞻包括：财务机器人的试用与优化，并探索深度应用场景；提升税务工作的智能化，解放税务的基础性工作；探索包括OCR（Optical Character Recognition的简称，即光符识别）在内的智能应用，极大简化业务操作。

总之，共享中心的建立将使"集团—下属企业（或门店）"的风险管理职能发生较大变化：集团总部成为财务风险管理的战略中心、指挥中心，负责建设管理制度体系和制度标准；下属企业（或门店）专心经营，原有的监督管理部门将承担更多业务支持方面的职能；共享中心成为数据中心和信息中心，承担所有的业务处理和信息归集。在财务风险管理方面，共享中心可以实现：①在数据后台进行不同维度的数据自动比对和校验，检索出异常趋势；②通过外部数据检索，发现企业经营方面的问题。比如有些企业可通过某些消费平台的消费评价统计，发现企业经营过程中存在的亟待改进的问题；③通过信息化工具，所有业务操作高效完成并进行自动化处理，减少了下属企业（或门店）业务流转中人为干预的可能性，降低了误操作的风险。共享中心的搭建可大幅提高财务风险管理的效

率，实现财务风险管理的信息化、可视化、精准化。

共享中心的搭建提供了一种"大平台+小前端"的管理模型，集团总部即平台，下属企业（或门店）即前端。平台担纲赋能，萃取最佳实践，以信息技术构建能力模块，供给前端调用，并通过数据提取、捕捉商业战机，调整企业发展战略。而前端从中后台管理跳脱出来，通过共享中心的建设，将人力、财务、计划等后台业务通通"外包"给集团总部，聚焦市场变化，专心经营。这样，集团总部就从科层制、管理型总部转变为平台化、服务型总部，使得整个集团在捕捉市场机会、提高决策质量、防范经营风险、提升管理水平、降低运营成本、加速信息传递、优化数据标准、实现数据价值等方面得到极大改善。